MW01627308

L'ITALIANO DELL'ARTE

Rossana Andriuzzi

L'ITALIANO DELL'ARTE

Corso di lingua italiana

Livelli B1-B2 del *Quadro Comune Europeo di Riferimento per le Lingue*

EDITORE ULRICO HOEPLI MILANO

Copyright © Ulrico Hoepli Editore S.p.A. 2017
via Hoepli 5, 20121 Milano (Italy)
tel. +39 02 864871 - fax +39 02 8052886
e-mail hoepli@hoepli.it

www.hoepli.it

Tutti i diritti sono riservati a norma di legge e a norma delle convenzioni internazionali

Le fotocopie per uso personale del lettore possono essere effettuate nei limiti del 15% di ciascun volume dietro pagamento alla SIAE del compenso previsto dall'art. 68, commi 4 e 5, della legge 22 aprile 1941 n. 633.
Le fotocopie effettuate per finalità di carattere professionale, economico o commerciale o comunque per uso diverso da quello personale possono essere effettuate a seguito di specifica autorizzazione rilasciata da CLEARedi, Centro Licenze e Autorizzazioni per le Riproduzioni Editoriali, corso di Porta Romana 108, 20122 Milano, e-mail autorizzazioni@clearedi.org e sito web www.clearedi.org.

Per le riproduzioni fotografiche appartenenti alla proprietà di terzi, inseriti in quest'opera, l'editore è a disposizione degli aventi diritto non potuti reperire nonché per eventuali non volute omissioni e/o errori di attribuzione nei riferimenti.

ISBN 978-88-203-7749-6

Ristampa:

4 3 2 1 2021 2022 2023 2024

Realizzazione editoriale: Thèsis Contents S.r.l., Firenze-Milano

Referenze iconografiche: ©Fotolia

Copertina: Raffaella Varrone

Stampa: LegoDigit s.r.l., Lavis (TN)

Printed in Italy

Prefazione

Sono particolarmente lieto di presentare il volume *L'italiano dell'arte* di Rossana Andriuzzi. Ho conosciuto la professoressa Andriuzzi durante l'incarico come direttore dell'Istituto Italiano di cultura di Tokyo, da me ricoperto negli anni 2013-2017. Fra le attività dell'Istituto, una delle più impegnative è senz'altro l'insegnamento della lingua italiana, con circa 7.000 iscrizioni annue, una cinquantina di docenti, corsi di vari livelli e lezioni che si tengono tutti i giorni, inclusa la domenica. È una specie di grande macchina che dall'edificio rosso in cui è ubicato l'Istituto, vicino al Palazzo Imperiale e in pieno centro di Tokyo, nel suo lavoro incessante diffonde la conoscenza dell'italiano in ogni direzione. Vedendo ogni giorno le tante persone che frequentavano i corsi di lingua o che venivano ad assistere agli eventi (mostre, concerti, conferenze, spettacoli) mi chiedevo spesso che cosa le spingesse verso la nostra lingua. L'Istituto distribuiva agli studenti questionari per raccogliere informazioni sulle loro scelte, ma non era da un'indagine statistica che potevo capire le loro motivazioni più profonde. È stato incontrando queste persone regolarmente, scambiando chiacchiere con loro in ascensore, nei corridoi o al termine di un evento che gradualmente ho messo a fuoco il loro interesse per l'Italia e l'italiano.
I giapponesi non percepiscono la nostra lingua come uno strumento da spendere sul mercato del lavoro, non la considerano, come l'inglese, un veicolo indispensabile per comunicare in ogni parte del mondo. Direi che a motivarli non è neanche lo stile di vita italiano. Ad attrarli è soprattutto la cultura. Il desiderio di conoscere la lingua nasce, nella maggior parte dei casi, dalla voglia di approfondire una cultura che amano e che sentono vicina a loro per sensibilità, anche se lontana per modalità di espressione. Vogliono imparare la lingua per comunicare, certo, ma anche e soprattutto per accostarsi alla cultura con maggiore consapevolezza, dotandosi di strumenti di conoscenza più idonei. E fra gli aspetti della cultura italiana più amati in Giappone, sicuramente c'è l'arte. Il mio incarico in Giappone ha coinciso con un susseguirsi di mostre straordinarie che hanno visto l'arte italiana esposta nei musei più prestigiosi del Giappone. Mostre dedicate a Leonardo, Botticelli, Michelangelo, Raffaello, Caravaggio, Guercino, per citarne a memoria solo alcune, che hanno ottenuto uno straordinario afflusso di pubblico e catturato l'attenzione dai media.
Credo che la prof.ssa Andriuzzi abbia avuto una splendida idea a mettere direttamente in rapporto questo amore per l'arte con il desiderio di conoscere la lingua. Sono certo che il suo libro incontrerà il favore delle persone spinte verso l'italiano da una speciale passione per l'arte, ma funzionerà come strumento didattico anche per coloro che, pur non avendo un interesse così specifico, saranno comunque attratti dal metodo coinvolgente, dalle funzioni interattive e dall'approccio visuale. L'autrice stimola con intelligenza e fantasia quello spirito da risolutore di enigmi che dorme in ogni discente di lingue straniere. I quiz del libro accendono la curiosità e spingono ad allargare le conoscenze linguistiche. Inoltre è innegabile che affrontare lo studio dell'italiano accompagnati da figure come la Gioconda, la Venere di Urbino, la Madonna Sistina, abbia un fascino speciale.
Anche se ho fatto riferimento alla mia esperienza in Giappone, sono convinto che lo stesso discorso valga per gli altri paesi del mondo che continuano a guardare alla cultura italiana con un'ammirazione e un affetto di cui noi stessi non sempre siamo capaci. L'arte è una chiave capace di schiudere molte porte, e mi auguro che questo libro riesca ad aprire quella dell'apprendimento linguistico dell'italiano a un grande numero di studenti.

GIORGIO AMITRANO
Professore di lingua e letteratura giapponese
Università degli Studi di Napoli "L'Orientale"

GERMANIA
SVIZZERA
AUSTRIA
FRANCIA
SLOVENIA
CROAZIA
BOSNIA - ERZEGOVINA
TUNISIA
Valle d'Aosta
AOSTA
Verbania
Biella
Novara
Vercelli
TORINO
Piemonte
Asti
Alessandria
Cuneo
Varese
Como
Lecco
Sondrio
Monza
Bergamo
MILANO
Lombardia
Brescia
Pavia
Lodi
Cremona
Mantova
Alto Adige
Bolzano
Trentino
TRENTO
Belluno
Veneto
Vicenza
Verona
Treviso
Padova
VENEZIA
Rovigo
Friuli Venezia Giulia
Pordenone
Udine
Gorizia
TRIESTE
Piacenza
Parma
Reggio Emilia
Modena
Ferrara
Emilia Romagna
BOLOGNA
Ravenna
Forlì
Rimini
GENOVA
Savona
Imperia
Liguria
La Spezia
Massa
Lucca
Pistoia
Prato
Pisa
FIRENZE
Livorno
Toscana
Siena
Arezzo
Grosseto
S.MARINO
Pesaro
Urbino
Marche
ANCONA
Macerata
Ascoli Piceno
PERUGIA
Umbria
Terni
Viterbo
Rieti
Lazio
ROMA
Frosinone
Latina
Teramo
Pescara
L'AQUILA
Chieti
Abruzzo
Molise
Isernia
CAMPOBASSO
Foggia
Caserta
Benevento
Avellino
NAPOLI
Campania
Salerno
Ischia
Capri
Puglia
BARI
POTENZA
Basilicata
Matera
Brindisi
Taranto
Lecce
Cosenza
Calabria
Crotone
CATANZARO
Vibo Valentia
Reggio di Calabria
Trapani
PALERMO
Messina
Caltanisetta
Enna
Sicilia
Agrigento
Catania
Ragusa
Siracusa
Corsica
Elba
Maddalena
Caprera
Sassari
Nuoro
Sardegna
Oristano
CAGLIARI
MAR LIGURE
MAR ADRIATICO
MAR DI SARDEGNA
MAR TIRRENO
MAR MEDITERRANEO
MAR IONIO
Isole Tremiti
Isole Egadi
Isole Eolie
Pantelleria
ITALIA
0
100
200Km

Presentazione

Caratteristiche dell'opera

L'italiano dell'arte è un **corso innovativo** per l'apprendimento della **lingua italiana attraverso l'analisi di opere d'arte pittoriche**, pensato per studenti stranieri di **livello intermedio (B1/B2)**, secondo il *Quadro Comune Europeo di Riferimento per le Lingue*.
Il corso ha un approccio **comunicativo**: a partire dall'**input visivo**, un'opera d'arte, lo studente è invitato a riflettere e a fare ipotesi sull'opera in questione, ma anche a lavorare sulle sue conoscenze dell'italiano per sviluppare le proprie **capacità comunicative per parlare di arte italiana** in lingua italiana. Si vuole, inoltre, consentire allo studente di raggiungere un certo livello di **autonomia nel reperimento e nell'acquisizione di informazioni** relative alla storia dell'arte in italiano.

Offerta didattica del volume

- **Libro dello studente** strutturato in 4 unità didattiche costituite da attività e testi, da una breve sintesi degli argomenti trattati e da un'esercitazione d'arte; segue la sezione *Analisi di opere di diversi stili e periodi*, con *Schede di approfondimento* di ulteriori opere d'arte; chiudono il volume un *Eserciziario di lingua e grammatica*, le soluzioni di tutti gli esercizi presenti nel volume e un glossario con i principali termini dell'arte in ambito pittorico.
- **eBook+** (collegato al libro dello studente) con:
  - i **file audio in formato MP3** relativi ai testi di ascolto presenti nel volume;
  - gli **esercizi interattivi** per l'autoverifica;
  - le **gallerie di immagini** per l'approfondimento dell'arte di alcuni periodi o movimenti artistici.
- **Risorse online** hoepliscuola.it con:
  - i **file audio in formato MP3** di tutti i testi di ascolto presenti nel volume;
  - i ***Giochi d'arte***, materiale integrativo sotto forma di giochi linguistici;
  - la ***Guida per l'insegnante***, con indicazioni metodologiche, suggerimenti e spunti su come svolgere le lezioni.

Guida alla consultazione

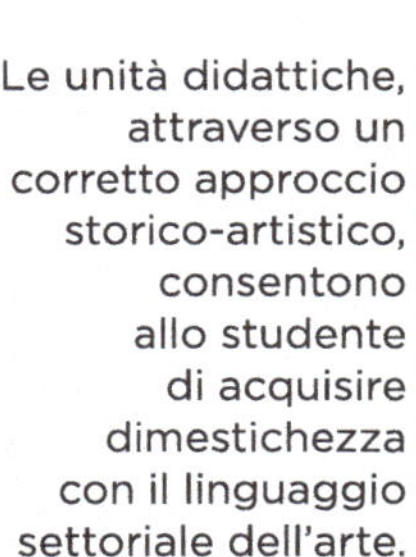

Le unità didattiche, attraverso un corretto approccio storico-artistico, consentono allo studente di acquisire dimestichezza con il linguaggio settoriale dell'arte.

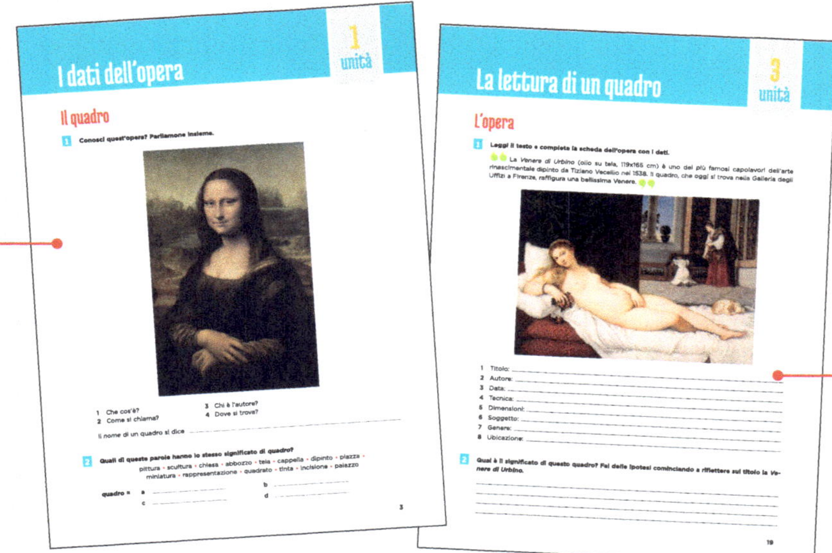

Esercizi di varia tipologia mirano a sviluppare sia la comprensione del linguaggio specifico dell'arte sia le capacità comunicative dello studente per parlare di arte in lingua italiana.

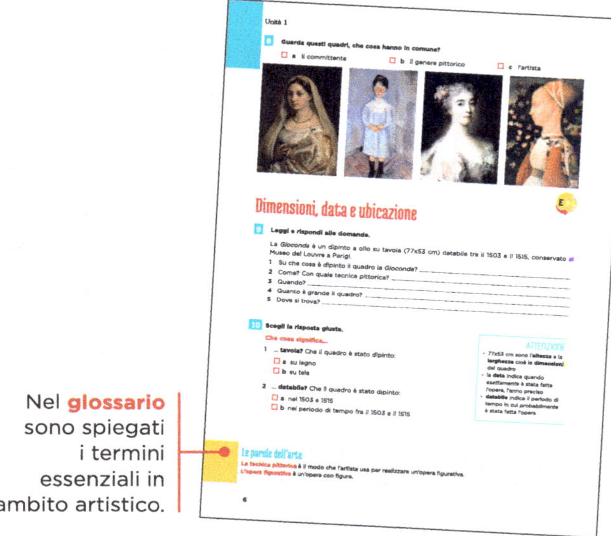

Nel **glossario** sono spiegati i termini essenziali in ambito artistico.

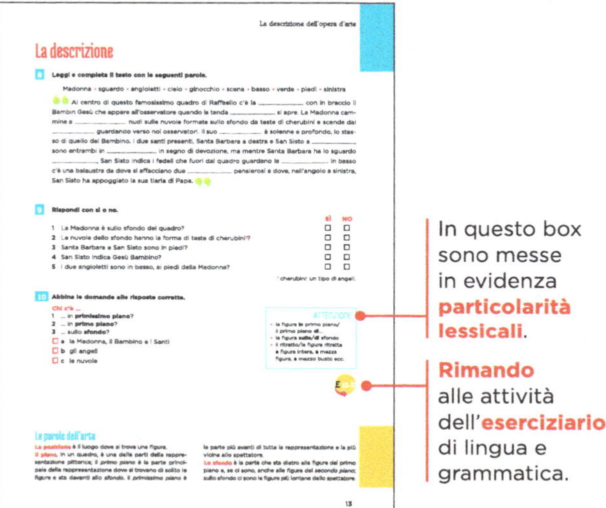

In questo box sono messe in evidenza **particolarità lessicali**.

Rimando alle attività dell'**eserciziario** di lingua e grammatica.

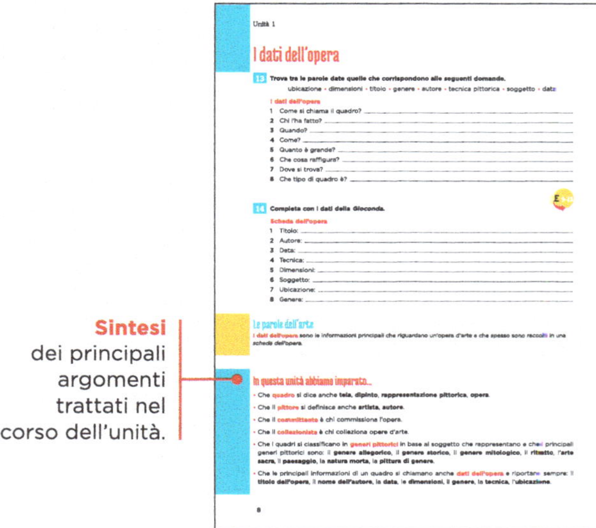

Sintesi dei principali argomenti trattati nel corso dell'unità.

Alla fine di ogni unità viene proposta un'**esercitazione di arte** per la verifica delle conoscenze apprese.

Nella sezione Analisi di opere vengono analizzati **dieci capolavori** rappresentativi di un particolare periodo storico-artistico dell'arte italiana.

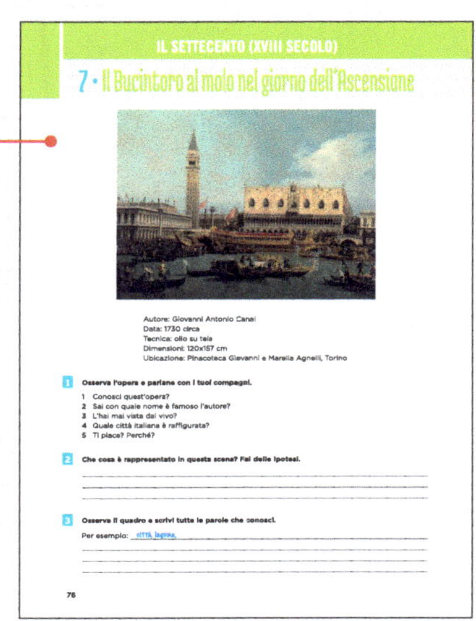

Box di approfondimento forniscono ulteriori informazioni su temi specifici.

L'icona indica la presenza di una **traccia audio da ascoltare** per lo svolgimento dell'esercizio.

L'icona indica la presenza di una **galleria di immagini con didascalie** consultabile direttamente dall'eBook+.

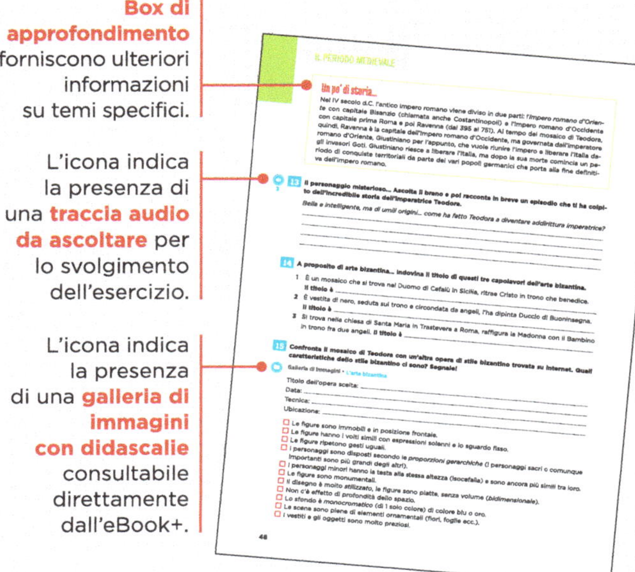

Otto schede di approfondimento offrono **analisi sintetiche e dettagliate** su altrettante **opere famose** non trattate nel resto volume.

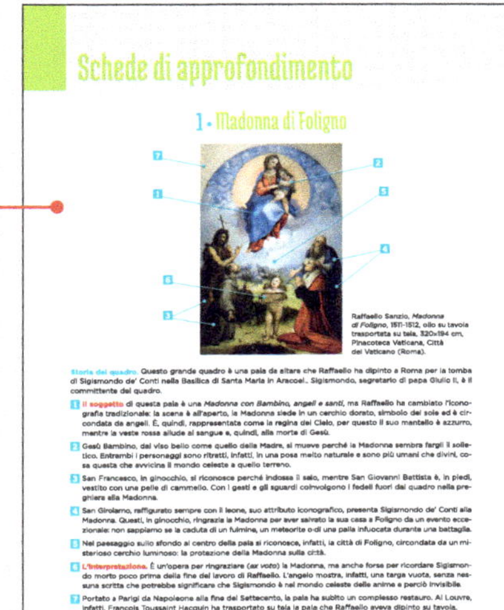

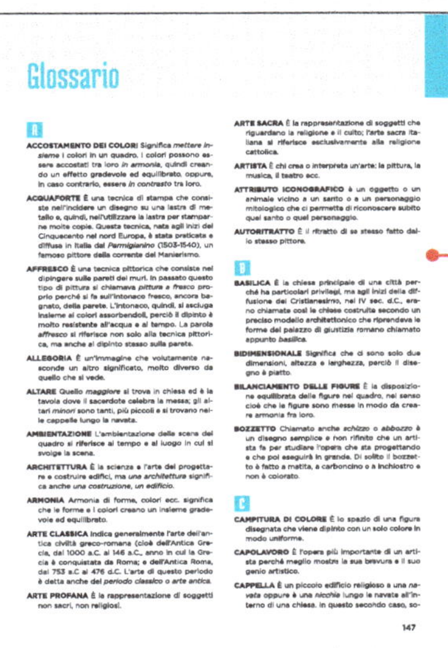

Glossario con i principali termini tecnico-artistici per la descrizione di qualsiasi opera d'arte.

Un ricco eserciziario con **attività di diversa tipologia** consente di consolidare le conoscenze lessicali e grammaticali acquisite.

L'icona indica gli **esercizi interattivi** che è possibile svolgere sull'eBook+ per un'immediata autoverifica.

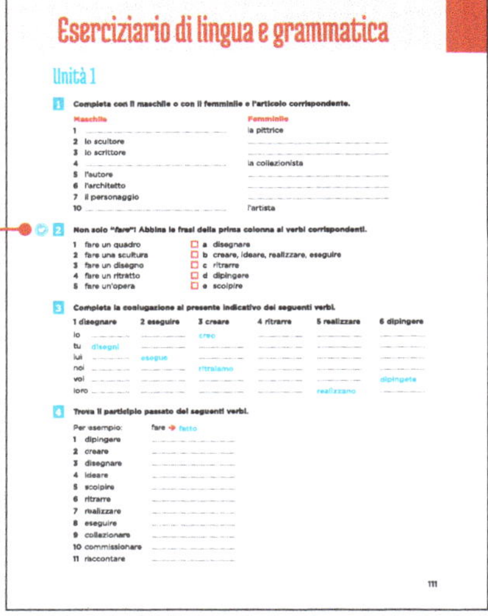

L'OFFERTA DIDATTICA
OPENSCHOOL

L'edizione **Openschool** Hoepli offre a docenti e studenti tutte le potenzialità di Openschool Network (ON), il sistema integrato di contenuti e servizi per l'apprendimento.

LIBRO DI TESTO
+

eBOOK+
+

RISORSE ONLINE
+

PIATTAFORMA DIDATTICA

LIBRO DI TESTO

L'italiano dell'arte è un corso innovativo per l'apprendimento della lingua italiana attraverso l'analisi di opere d'arte pittoriche. Il libro dello studente comprende:

- 4 unità didattiche;
- sezione *Analisi di opere di diversi stili e periodi*;
- *Schede di approfondimento* di opere d'arte;
- un *Eserciziario* e un *Glossario*.

eBOOK+

È la versione digitale e interattiva del libro dello studente per tablet, LIM e computer. Consente di leggere, annotare, sottolineare e dà accesso diretto ai contenuti digitali integrativi dell'opera:

- gallerie di immagini con didascalie;
- file MP3 per le attività d'ascolto presenti nel volume;
- esercizi interattivi per un'immediata autoverifica.

Per scaricare l'eBook+ è sufficiente seguire le istruzioni riportate nell'ultima pagina di questo volume.

RISORSE ONLINE

Il sito della casa editrice www.hoepliscuola.it offre risorse e contenuti digitali integrativi del libro dello studente. Tra questi, in particolare:

- la *Guida per l'insegnante* con indicazioni didattiche;
- i *Giochi d'arte* con schede fotocopiabili e ritagliabili;
- i file MP3 con i testi relativi agli esercizi d'ascolto presenti nel volume.

Per accedere alle risorse online è sufficiente registrarsi al sito www.hoepliscuola.it e seguire le istruzioni riportate nell'ultima pagina di questo volume.

PIATTAFORMA DIDATTICA

La piattaforma Network offre l'opportunità di sperimentare una didattica multimediale in un ambiente digitale integrato e facile da utilizzare. Permette in particolare di condividere contenuti ed esercizi, e di partecipare a classi virtuali. Vi si accede dal sito www.hoepliscuola.it.

Indice

Attività e testi

Analisi di opere di diversi stili e periodi

Eserciziario di lingua e grammatica

Attività e testi

I dati dell'opera

Il quadro

1 **Conosci quest'opera? Parliamone insieme.**

1 Che cos'è?
2 Come si chiama?
3 Chi è l'autore?
4 Dove si trova?

Il *nome* di un quadro si dice ....

2 **Quali di queste parole hanno lo stesso significato di *quadro*?**

pittura • scultura • chiesa • abbozzo • tela • cappella • dipinto • piazza • miniatura • rappresentazione • quadrato • tinta • incisione • palazzo

quadro = a .... b ....
c .... d ....

3 **Nell'attività 2 ci sono parole che non conosci? Fai queste domande all'insegnante per conoscere il loro significato.**

Per esempio:

- Che cosa significa ...pittura...?
- Come si dice ...pittura... in inglese?
- Che cosa vuol dire ...pittura...?
- Che cos'è la ...pittura...?

ATTENZIONE
- **la** pittura
- **una** pittura

Le parole dell'arte

L'opera d'arte è un quadro, una scultura, un disegno ecc. che attraverso le immagini comunica allo spettatore le emozioni, i sentimenti e i pensieri dell'artista.
La pittura è l'arte di disegnare e colorare delle forme su varie superfici (superficie = carta, tela, ceramica, muro, legno, metallo, vetro ecc.).
Quando, però, diciamo "una pittura" intendiamo un quadro.

4 **Rispondi alle domande con le seguenti parole.**

orafo • artista • collezionista • committente • autore • pittore

Come si chiama...

1 ... chi dipinge quadri? ...
2 ... chi colleziona opere d'arte? ...
3 ... chi lavora i metalli preziosi? ...
4 ... chi commissiona opere d'arte? ...
5 ... chi crea ed esegue un'opera? ...
6 ... chi crea un'opera d'arte? ...

5 **Leggi e scegli la parola giusta.**

“Leonardo da Vinci è stato un famoso *artista/autore* italiano, *artista/autore* della “Gioconda”, il *dipinto/ritratto* forse di Monna[1] Lisa Gherardini, una nobile fiorentina.
Secondo Giorgio Vasari, il primo storico dell'arte italiana, il *committente/autore* del quadro è stato, infatti, proprio il marito di Monna Lisa, Francesco del Giocondo e perciò il nome “Gioconda” viene dal cognome del marito.”

[1] Monna: diminutivo di madonna, la forma antica di signora.

6 **Rileggi il testo dell'attività 5 e rispondi alle domande.**

1 Chi ha dipinto il quadro? ...
2 Chi lo ha commissionato? ...
3 Chi ha raccontato per primo la storia di questo quadro? ...
4 Chi è il soggetto del quadro? ...
5 Che tipo di quadro è? ...

E 1-6

Le parole dell'arte

Il quadro è un dipinto su tela o legno.
Il pittore è la persona che dipinge.
Il committente è la persona che commissiona un'opera d'arte, cioè che ordina l'esecuzione dell'opera e la paga.
Lo storico è lo studioso e scrittore di storia.
Il soggetto è l'immagine principale di un quadro, il tema.
Il ritratto è la rappresentazione pittorica (o fotografica) di una persona.
La rappresentazione pittorica è la riproduzione della realtà attraverso la pittura.

Il genere pittorico

7 **Scrivi sotto ogni immagine il *genere* pittorico corrispondente.**

allegoria • natura morta • ritratto • scena sacra • autoritratto • paesaggio

1 ....

4 ....

2 ....

3 ....

5 ....
....

6 ....

Le parole dell'arte

I generi pittorici sono delle categorie che classificano le opere d'arte in base ai loro soggetti; in pittura, i più importanti generi artistici sono: il *genere sacro*, *mitologico*, *storico*, *allegorico*; il *ritratto*, le *scene di genere* (cioè di vita quotidiana), il *paesaggio* e la *natura morta*.

I generi artistici invece comprendono i vari campi dell'arte: il genere letterario, musicale, cinematografico, fotografico, teatrale.

L'allegoria è un'immagine che volutamente nasconde un altro significato, molto diverso da quello che si vede.

8 **Guarda questi quadri, che cosa hanno in comune?**

☐ **a** il committente ☐ **b** il genere pittorico ☐ **c** l'artista

Dimensioni, data e ubicazione

9 **Leggi e rispondi alle domande.**

La *Gioconda* è un dipinto a olio su tavola (77x53 cm) databile tra il 1503 e il 1515, conservato al Museo del Louvre a Parigi.

1 Su che cosa è dipinto il quadro la *Gioconda*? ....
2 Come? Con quale tecnica pittorica? ....
3 Quando? ....
4 Quanto è grande il quadro? ....
5 Dove si trova? ....

10 **Scegli la risposta giusta.**

Che cosa significa...

1 ... **tavola?** Che il quadro è stato dipinto:

☐ **a** su legno
☐ **b** su tela

2 ... **databile?** Che il quadro è stato dipinto:

☐ **a** nel 1503 e 1515
☐ **b** nel periodo di tempo fra il 1503 e il 1515

ATTENZIONE

- 77x53 cm sono l'**altezza** e la **larghezza** cioè le **dimensioni** del quadro
- la **data** indica quando *esattamente* è stata fatta l'opera, l'anno preciso
- **databile** indica il periodo di tempo in cui *probabilmente* è stata fatta l'opera

Le parole dell'arte

La tecnica pittorica è il modo che l'artista usa per realizzare un'opera figurativa.
L'opera figurativa è un'opera con figure.

Le tecniche pittoriche

11 **Conosci le principali tecniche pittoriche? Scrivi sotto le immagini la tecnica pittorica corrispondente.**

mosaico • affresco • pittura a olio • miniatura • acquaforte • disegno

1 ....

2 ....

3 ....

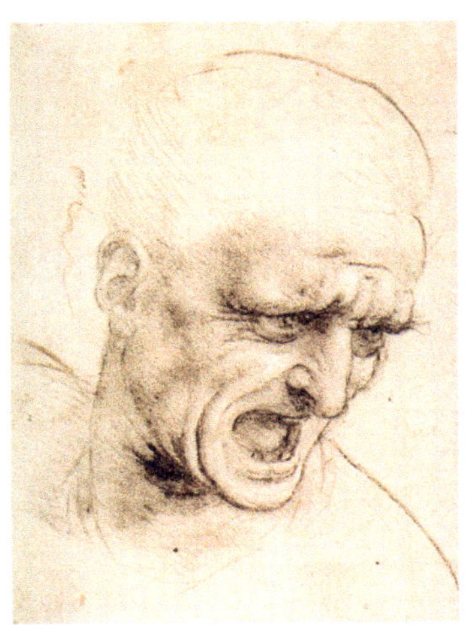

4 ....

5 ....

6 ....

12 **Abbina le tecniche pittoriche della prima colonna alla *superficie* su cui si usano.**

Tecnica pittorica	Superficie
1 a tempera, a olio, ad acrilico	☐ a parete
2 acquerello, miniatura, acquaforte	☐ b tavola, tela
3 affresco, murale, graffito, mosaico	☐ c carta

I dati dell'opera

13 **Trova tra le parole date quelle che corrispondono alle seguenti domande.**

ubicazione • dimensioni • titolo • genere • autore • tecnica pittorica • soggetto • data

I dati dell'opera

1 Come si chiama il quadro? ....
2 Chi l'ha fatto? ....
3 Quando? ....
4 Come? ....
5 Quanto è grande? ....
6 Che cosa raffigura? ....
7 Dove si trova? ....
8 Che tipo di quadro è? ....

E 9-13

14 **Completa con i dati della *Gioconda*.**

Scheda dell'opera

1 Titolo: ....
2 Autore: ....
3 Data: ....
4 Tecnica: ....
5 Dimensioni: ....
6 Soggetto: ....
7 Ubicazione: ....
8 Genere: ....

Le parole dell'arte

I dati dell'opera sono le informazioni principali che riguardano un'opera d'arte e che spesso sono raccolti in una *scheda dell'opera*.

In questa unità abbiamo imparato...

- Che **quadro** si dice anche **tela**, **dipinto**, **rappresentazione pittorica**, **opera**.
- Che il **pittore** si definisce anche **artista**, **autore**.
- Che il **committente** è chi commissiona l'opera.
- Che il **collezionista** è chi colleziona opere d'arte.
- Che i quadri si classificano in **generi pittorici** in base al soggetto che rappresentano e che i principali generi pittorici sono: il **genere allegorico**, il **genere storico**, il **genere mitologico**, il **ritratto**, l'**arte sacra**, il **paesaggio**, la **natura morta**, la **pittura di genere**.
- Che le principali informazioni di un quadro si chiamano anche **dati dell'opera** e riportano sempre: il **titolo dell'opera**, il **nome dell'autore**, la **data**, le **dimensioni**, il **genere**, la **tecnica**, l'**ubicazione**.

La Velata

1 **Completa la scheda di quest'opera con i dati riportati nei riquadri.**

1516 ca. | Galleria Palatina, Firenze | Raffaello Sanzio | ritratto di donna | olio su tavola

La Velata | 85x64 cm

1 Titolo: ....
2 Autore: ....
3 Data: ....
4 Tecnica: ....
5 Dimensioni: ....
6 Genere: ....
7 Ubicazione: ....

ATTENZIONE

1516 **ca.** → 1516 **circa**

2 unità La descrizione dell'opera d'arte

L'opera

1 **Completa la scheda dell'opera con le parole sottostanti, come nell'esempio 1.**

ubicazione • autore • data • soggetto • tecnica • genere artistico • dimensioni • titolo

1 ....Titolo...........: *Madonna Sistina*
2 ....: Raffaello Sanzio
3 ....: 1513-1514 circa
4 ....: olio su tela
5 ....: 265x196 cm
6 ....: Madonna con Bambino, angeli e santi
7 ....: arte sacra
8 ....: Gemäldegalerie, Dresda

L'identificazione delle figure

2 **Leggi le descrizioni e scrivi il nome del personaggio corrispondente.**

Gesù Bambino • San Sisto • Santa Barbara • Madonna • angeli

«Ha i capelli biondi raccolti in un'elegante pettinatura, la carnagione chiara e gli occhi bassi; indossa una veste blu con le maniche gialle e un manto verde che le copre le spalle e la schiena.» 1 ....

«Ha un viso bello e dolce, lo sguardo profondo, i capelli castani con la riga al centro; indossa una veste rossa coperta da un manto blu mentre un velo beige le copre la testa; è a piedi nudi.» 2 ....

«Sono due, nudi e con le ali, hanno i visi paffuti e i capelli arruffati.» 3 ....

«È nudo e in braccio alla Madre, ha i capelli ricci e biondi, lo sguardo intenso.» 4 ....

«Un ampio manto giallo-oro gli copre la veste candida, è un uomo anziano e perciò ha la barba e i capelli bianchi.» 5 ....

3 **Abbina le parole della prima colonna a quelle nella seconda che hanno lo stesso significato.**

1 pettinatura	☐ **a** scalza
2 carnagione	☐ **b** vecchio
3 veste	☐ **c** spettinati
4 manto	☐ **d** grande
5 a piedi nudi	☐ **e** acconciatura
6 paffuto	☐ **f** incarnato
7 arruffati	☐ **g** mantello
8 ampio	☐ **h** bianca
9 candida	☐ **i** abito, vestito
10 anziano	☐ **l** in carne

4 **Cerca nelle descrizioni dell'attività 2 le parole per completare i seguenti testi.**

Per esempio:

Santa Barbara

a i capelli biondi raccolti in una pettinatura

b gli occhi sguardo basso

c il corpo carnagione chiara, spalle, schiena

d i vestiti e i colori veste blu, maniche gialle, manto verde, velo

La Madonna

a i capelli ....

b gli occhi ....

c il corpo ....

d i vestiti e i colori ....

Gli angeli

a i capelli ....

b gli occhi ....

c il corpo ....

d i vestiti e i colori ....

Gesù Bambino

a i capelli ....
b gli occhi ....
c il corpo ....
d i vestiti e i colori ....

San Sisto

a i capelli ....
b gli occhi ....
c il corpo ....
d i vestiti e i colori ....

La posizione

5 **Dove sono? Guarda il quadro a p. 10 e scegli la posizione esatta.**

1 La Madonna è *al/in* centro del quadro *a/in* piedi.
2 Gesù Bambino è *a/in* braccio alla Madonna.
3 Santa Barbara è *a/in* destra nel quadro, *a/in* ginocchio, con gli occhi *bassi/alti*.
4 San Sisto è a *sinistra/destra* nel quadro in *piedi/ginocchio*.
5 Gli angeli sono *davanti/dietro* a tutti, *sopra/sotto* la Madonna e guardano pensierosi *in alto/in basso*.

6 **Come sono ritratti i volti di queste figure? Abbina le immagini alle parole.**

1

2

3

☐ a di tre quarti
☐ b frontale
☐ c di profilo

7 **Guarda il quadro della *Madonna Sistina* e scegli la risposta giusta.**

1 La Madonna è ritratta ☐ a a mezza figura ☐ b a figura intera
2 Gli angioletti sono ritratti ☐ a a mezzo busto ☐ b a figura intera
3 San Sisto è ritratto ☐ a a figura intera ☐ b a mezza figura

Le parole dell'arte

Il primo piano di una figura è il ritratto del volto e delle spalle.
Il primissimo piano è il ritratto solo del volto.
In un **ritratto a mezza figura** la persona è ritratta dalla vita in su, in uno **a mezzo busto** dal petto in su e in uno **a figura intera** dalla testa ai piedi.
Il particolare o **il dettaglio** è una parte del volto o del corpo o di un oggetto del quadro.

La descrizione

8 **Leggi e completa il testo con le seguenti parole.**

Madonna • sguardo • angioletti • cielo • ginocchio • scena • basso • verde • piedi • sinistra

"Al centro di questo famosissimo quadro di Raffaello c'è la .... con in braccio il Bambin Gesù che appare all'osservatore quando la tenda .... si apre. La Madonna cammina a .... nudi sulle nuvole formate sullo sfondo da teste di cherubini e scende dal .... guardando verso noi osservatori. Il suo .... è solenne e profondo, lo stesso di quello del Bambino. I due santi presenti, Santa Barbara a destra e San Sisto a ...., sono entrambi in .... in segno di devozione, ma mentre Santa Barbara ha lo sguardo ...., San Sisto indica i fedeli che fuori dal quadro guardano la .... In basso c'è una balaustra da dove si affacciano due .... pensierosi e dove, nell'angolo a sinistra, San Sisto ha appoggiato la sua tiaria di Papa."

9 **Rispondi con sì o no.**

		SÌ	NO
1	La Madonna è sullo sfondo del quadro?	☐	☐
2	Le nuvole dello sfondo hanno la forma di teste di cherubini[1]?	☐	☐
3	Santa Barbara e San Sisto sono in piedi?	☐	☐
4	San Sisto indica Gesù Bambino?	☐	☐
5	I due angioletti sono in basso, ai piedi della Madonna?	☐	☐

[1] cherubini: un tipo di angeli.

10 **Abbina le domande alle risposte corrette.**

Chi c'è ...

1 ... in **primissimo piano**?
2 ... in **primo piano**?
3 ... sullo **sfondo**?

☐ **a** la Madonna, il Bambino e i Santi
☐ **b** gli angeli
☐ **c** le nuvole

ATTENZIONE

- la figura **in** primo piano/ il primo piano **di**...
- la figura **sullo/di** sfondo
- il ritratto/la figura ritratta **a** figura intera, **a** mezza figura, **a** mezzo busto ecc.

E 13-17

Le parole dell'arte

La posizione è il luogo dove si trova una figura.
Il piano, in un quadro, è una delle parti della rappresentazione pittorica; il *primo piano* è la parte principale della rappresentazione dove si trovano di solito le figure e sta davanti allo *sfondo*. Il *primissimo piano* è la parte più avanti di tutta la rappresentazione e la più vicina allo spettatore.
Lo sfondo è la parte che sta dietro alle figure del primo piano e, se ci sono, anche alle figure del *secondo piano*; sullo sfondo ci sono le figure più lontane dallo spettatore.

I personaggi

11 **Abbina le domande della prima colonna alle risposte corrette.**

Chi sono?

1 ... la Madonna?
2 ... Gesù Bambino?
3 ... Santa Barbara?
4 ... San Sisto?
5 ... gli angeli?

☐ **a** il Figlio di Dio
☐ **b** esseri spirituali vicini a Dio
☐ **c** la madre di Gesù Cristo
☐ **d** martire e santa
☐ **e** Papa, martire e santo

12 **Rispondi alle domande.**

Conosci gli altri nomi usati per chiamare...

1 ... la Madonna? ....
2 ... Gesù? ....
3 ... gli angeli? ....

L'iconografia

13 **Guarda questo quadro, ha lo stesso *tema iconografico* della *Madonna Sistina*. Qual è tra questi?**

☐ **a** Madonna con il Bambino
☐ **b** Sacra Conversazione
☐ **c** La nascita della Vergine

Scheda dell'opera
Titolo: *Madonna di Foligno*
Autore: Raffaello Sanzio
Data: 1511-1512
Tecnica: olio su tavola trasportata su tela
Dimensioni: 320x194 cm
Soggetto: Madonna con Bambino, angeli e santi
Genere artistico: arte sacra
Ubicazione: Pinacoteca Vaticana, Città del Vaticano (Roma)

Le parole dell'arte

Il personaggio è la persona che appare nel quadro (ma anche in un libro, in un'opera teatrale ecc.).
Il protagonista è il personaggio principale di un'opera.
Il/la martire è la persona che è morta in nome della fede cristiana.

14 **Cerca altri tre quadri con lo stesso tema iconografico e scrivili qui.**

1 ....

2 ....

3 ....

15 **Identifica questi personaggi ritrovando nelle immagini gli attributi iconografici descritti.**

1 ....

2 ....

3 ....

a **Angelo**: figura sacra raffigurata come un bambino nudo o vestito con una tunica bianca, con le ali e spesso con l'aureola.

b **Cupido**: il dio dell'amore, raffigurato come un bambino nudo con le ali, l'arco, le frecce e, a volte, con la benda sugli occhi.

c **Puttino**: immagine di bambino nudo, a volte con le ali, usata soprattutto come decorazione.

Le parole dell'arte

L'iconografia è lo studio di tutte le rappresentazioni nell'arte di un determinato soggetto. Per esempio, l'iconografia studia come la *Crocifissione di Cristo* è stata rappresentata nei secoli da vari artisti, e quindi analizza le differenze di stile e contenuto che questo soggetto (la *Crocifissione*) ha subìto nelle varie rappresentazioni. **Il tema iconografico** è l'argomento, il soggetto della rappresentazione artistica; nell'arte sacra sono sempre gli stessi e di solito danno il titolo al quadro, per esempio la *Natività di Gesù*, l'*Annunciazione*, la *Crocifissione* ecc. **L'attributo iconografico** è un oggetto o un animale vicino a un santo o a un personaggio mitologico che ci permette di riconoscere subito quel santo o quel personaggio.

In questa unità abbiamo imparato...

- A **identificare** i personaggi di un quadro attraverso la descrizione fisica e degli abiti (tipo e colore) che indossano.
- A indicare la **posizione** delle figure: **a destra**, **a sinistra**, **al centro**, **in alto**, **in basso**, **in fondo**, **davanti**, **dietro**, **sopra**, **sotto**, **in piedi**, **in ginocchio**, **in braccio**.
- A indicare **come** le figure sono ritratte: **di profilo**, **di tre quarti**, **frontalmente o in posizione frontale**, **a figura intera**, **a mezza figura o mezzo busto**.
- A indicare **dove** si trovano le figure nel quadro: **in primo piano**, **primissimo piano**, **sullo sfondo**.
- Che le immagini dei quadri, soprattutto di arte sacra, hanno dei **temi iconografici** precisi: la Sacra Conversazione, la Natività ecc.
- Che i **soggetti** (la Madonna, Gesù, i santi e i martiri) e i **temi** (il racconto di storie o eventi) dell'arte sacra sono sempre gli stessi e che i soggetti si riconoscono dalla presenza di precisi **attributi iconografici**: l'aureola per gli angeli e i santi, le ali per gli angeli ecc.

La descrizione della Gioconda

1 **Leggi la breve descrizione, a quale di questi due ritratti si riferisce?**

1 ***Gioconda***.

2 ***Velata***.

“Il dipinto ritrae una giovane donna a mezza figura girata di tre quarti verso sinistra su uno sfondo scuro. Il volto bello e dolce è incorniciato dai capelli neri, divisi al centro e raccolti dietro la nuca, e dal velo chiaro che le scende sulle spalle. Oltre al velo, la giovane indossa un abito chiaro molto elegante e lussuoso, una collana ed ha un gioiello nei capelli.”

È la descrizione della ....

2 **Riporta sull'immagine le seguenti parole che indicano diverse parti del corpo.**

sopracciglia • guancia • seno • gomito • labbra • pupille • polso • spalle • narice • grembo • fronte • lobo

3 **Leggi e completa il testo scegliendo le parole giuste.**

" Nel quadro è ritratta una giovane signora sullo (1) .... di un bellissimo (2) .... avvolto in una suggestiva atmosfera azzurra. La (3) .... del corpo della donna è di tre quarti, ma il (4) .... è girato verso lo spettatore mentre le mani sono incrociate sul grembo. Lunghi capelli neri le incorniciano il viso dallo (5) .... dolce e dal sorriso leggero e misterioso.
Vestita secondo la moda della sua epoca, la donna indossa un semplice abito scuro, le sopracciglia e parte dei capelli sulla fronte sono depilati, il petto è stretto in un busto, un velo trasparente le copre la testa, ma a differenza degli altri ritratti femminili rinascimentali non indossa (6) .... o altri ornamenti. "

1 a fondo — b fondale — c sfondo
2 a paese — b paesaggio — c passaggio
3 a postazione — b posizione — c posto
4 a volto — b spalla — c volo
5 a guardo — b sguardo — c guado
6 a gioielli — b capelli — c glorie

4 **Rispondi con sì o no.**

	SÌ	NO
1 La donna ritratta è anziana?	☐	☐
2 È ritratta a mezzo busto?	☐	☐
3 Sullo sfondo c'è una città?	☐	☐
4 L'atmosfera che circonda il paesaggio è azzurra?	☐	☐
5 Indossa un semplice abito chiaro?	☐	☐
6 È senza gioielli?	☐	☐

5 **Secondo te, quali di questi aggettivi vanno bene per descrivere il ritratto di Monna Lisa? Segnali.**

bello • brutto • realistico • idealizzato • misterioso • chiaro • ambiguo • comprensibile • famoso • sconosciuto • inquietante • rassicurante

Altri? ....

6 **Osserva attentamente lo sfondo della *Gioconda* e scrivi il nome di tutti gli elementi del paesaggio che riconosci.**

Per esempio: il fiume, ...

....

7 **Che tipo di paesaggio è? Scegli la risposta e spiega il perché.**

campestre • marino • montuoso • fluviale • collinare • urbano • costiero • lacustre • insulare

È un paesaggio .... perché c'è/ci sono ....

8 **Secondo te, in quale momento del giorno e in quale stagione Leonardo ha ritratto questo paesaggio? Perché?**

....

....

9 **Ora tocca a te! Scegli un quadro che ti piace e prova a descriverlo.**

- **I dati** Titolo .... Tecnica ....
  Autore .... Dimensione ....
  Data .... Ubicazione ....
- **Il genere** È un quadro di arte sacra o profana?
  ....
- **Il soggetto** Chi o che cosa è raffigurato nel quadro?
  ....
  ....
- **I personaggi** Chi e quanti sono? Dove sono (a destra, in primo piano ecc.)? Come sono ritratti (di profilo, a mezza figura ecc.)? Come sono vestiti? Che cosa fanno?
  ....
  ....
  ....
  ....
  ....
  ....
- **L'ambiente della scena** Dove sono? (in casa, in giardino ecc.) Che cosa c'è sullo sfondo?
  ....
  ....
  ....
- **Perché hai scelto questo quadro?**
  ....
  ....
  ....
  ....

Le parole dell'arte

L'arte profana è la rappresentazione di soggetti non sacri, non religiosi.
L'arte sacra è invece la rappresentazione di soggetti che riguardano la religione e il culto; l'**arte sacra italiana** si riferisce esclusivamente alla *religione cattolica*.

La lettura di un quadro

L'opera

1 **Leggi il testo e completa la scheda dell'opera con i dati.**

“La *Venere di Urbino* (olio su tela, 119x165 cm) è uno dei più famosi capolavori dell'arte rinascimentale dipinto da Tiziano Vecellio nel 1538. Il quadro, che oggi si trova nella Galleria degli Uffizi a Firenze, raffigura una bellissima Venere.”

1 Titolo: ....

2 Autore: ....

3 Data: ....

4 Tecnica: ....

5 Dimensioni: ....

6 Soggetto: ....

7 Genere: ....

8 Ubicazione: ....

2 **Qual è il significato di questo quadro? Fai delle ipotesi cominciando a riflettere sul titolo la *Venere di Urbino*.**

....

....

....

....

La descrizione della scena

3 **Guarda il quadro con attenzione e rispondi con sì o no.**

		SÌ	NO
1	La scena è ambientata all'aperto?	☐	☐
2	La scena è ambientata in un palazzo della stessa epoca del quadro?	☐	☐
3	È una stanza lussuosa e aristocratica?	☐	☐
4	Sullo sfondo a destra c'è una domestica?	☐	☐

4 **Abbina le seguenti frasi alle immagini corrispondenti.**

1 Una grande finestra con al centro una colonna. ....e....
2 Un letto con materassi rossi coperto da un lenzuolo bianco e con due grandi cuscini. ....
3 Eleganti cassapanche decorate. ....
4 Un pavimento di marmo "a quadrati" di diversi colori. ....
5 Splendidi arazzi che ricoprono le pareti. ....

a b c d e

E 1-2

5 **Prova a descrivere il quadro con le parole date.**

Nel quadro è raffigurata una bella e giovane donna...

Per esempio:
0 nuda/letto/posa sensuale
... nuda sul letto in una posa sensuale.

1 *I capelli...* lunghi/biondi/cadere/sciolti/spalle
....

2 *Il braccio...* destro/essere/piegato/mano/avere/rose
....

3 *Con la mano...* sinistra/coprirsi/inguine
....

4 *Ai suoi piedi...* dormire/cagnolino

....

5 *Alle sue spalle...* tenda di colore scuro/dividere/scena

....

6 *A destra, in fondo alla stanza...* esserci/donna/piedi/abito poggiato/spalla

....

7 *Davanti a lei...* esserci/ragazzina/vestita/bianco/guardare/cassapanca

....

6 **Osserva la posizione dei personaggi e segna la risposta corretta.**

1 Venere è:

☐ **a** sdraiata	☐ **d** vestita
☐ **b** in piedi	☐ **e** seminuda
☐ **c** seduta	☐ **f** nuda

2 Venere è ritratta:

☐ **a** a figura intera	☐ **d** di tre quarti
☐ **b** in primo piano	☐ **e** frontalmente
☐ **c** a mezza figura	☐ **f** di profilo

3 La donna vestita di rosso è:

☐ **a** in ginocchio	☐ **d** di spalle
☐ **b** in piedi	☐ **e** frontale
☐ **c** seduta	☐ **f** di profilo

4 La donna vestita di bianco è:

☐ **a** in ginocchio	☐ **d** di profilo
☐ **b** in piedi	☐ **e** di spalle
☐ **c** sdraiata	☐ **f** di tre quarti

E 3-4

L'identificazione della figura

7 **Scegli la risposta giusta.**

... chi è Venere?

1 Venere è:	☐ **a** una santa	☐ **b** una aristocratica	☐ **c** una dea
2 È un personaggio:	☐ **a** mitologico	☐ **b** religioso	☐ **c** storico

8 **Conosci altre opere che raffigurano Venere? Elencane almeno tre e spiega come è raffigurata Venere in quelle opere e in che posizione.**

....

....

....

....

9 **Parliamone insieme.**

1 Come si è potuto identificare la donna della *Venere di Urbino*, con la dea Venere?

2 Quali sono, nella *Venere di Urbino*, gli attributi iconografici e quali i modelli iconografici tipici di Venere? Indicali scegliendo fra le seguenti immagini.

- attributi iconografici ....
- modelli iconografici ....

Giorgione, *Venere dormiente*.

Il mirto.

Le rose.

Prassitele, *Afrodite Cnidia*.

3 Conosci altri modelli e attributi iconografici di Venere oltre a questi?

....

Le parole dell'arte

Il capolavoro è l'opera più importante di un artista perché meglio mostra la sua bravura e il suo genio artistico.

La posa è la posizione che assume una persona quando viene ritratta (o fotografata). Si dice *assumere una posa* o *mettersi in posa*.

La mitologia è l'insieme dei *miti*, cioè di racconti molto antichi sull'origine del mondo e sulle divinità. Tutti i popoli hanno avuto una propria mitologia, quella italiana è la *mitologia classica*, cioè della cultura greco-romana.

Il modello iconografico è un'opera scelta come esempio da imitare.

La storia del quadro

10 **Leggi e rispondi alle domande.**

La Venere di Urbino

Nel 1538 Guidobaldo II Della Rovere, duca di Urbino, commissiona questo quadro a Tiziano, forse in occasione del suo matrimonio con la giovane Giulia da Varano. Secondo alcuni studiosi, infatti, mentre il corpo della Venere del quadro è ideale, il viso è proprio il ritratto di Giulia da Varano. Inoltre, il vestito che la domestica sullo sfondo ha sulla spalla, quello che la Venere sta per indossare, ha i colori della casata Della Rovere: azzurro e oro. Questo potrebbe significare che la Venere ha appena ricevuto il diritto di indossare i colori della casata Della Rovere perché è appena entrata a far parte della famiglia.

1 Chi è il committente del quadro? ....
2 Come si chiama l'artista che ha dipinto il quadro? ....
3 Per quale occasione il duca Guidobaldo ha, forse, commissionato questo quadro? ....
4 Chi è Giulia da Varano? ....
5 Perché Venere è identificata con Giulia da Varano? ....
6 Quali erano i colori della casata Della Rovere? ....

L'interpretazione del quadro

11 **Parliamone insieme.**

Secondo te...

1 Questo quadro aveva una *destinazione* pubblica o privata?
2 Nel Cinquecento si regalavano spesso per i matrimoni quadri come questo?
3 Perché commissionare un quadro dove la propria moglie è raffigurata come Venere in una *posa* così sensuale?

12 **Leggi la seconda parte del brano *La Venere di Urbino*.**

Secondo molti studiosi questo quadro è un'allegoria del matrimonio e ogni figura fa parte di un sottile gioco di significati e allusioni.
Rappresentare la moglie come Venere, la dea dell'amore e della bellezza, significa, infatti, che per avere un matrimonio felice, la moglie deve essere bella, sensuale e fedele. La Venere del quadro, infatti, è consapevole della sua bellezza e sensualità: guarda in modo invitante il suo osservatore che, molto probabilmente, è suo marito. Il cagnolino ai piedi di Venere dorme tranquillamente infatti, segno che non ci sono estranei nella stanza, l'osservatore è di casa in quel palazzo. La donna, dunque, anche se nuda e ritratta in una posa così sensuale, è una moglie fedele come il suo cagnolino e pura come la perla dell'orecchino che indossa. Questa Venere vive la sua sensualità tra le pareti domestiche, solo per il piacere suo e di suo marito. Ma le rose che Venere ha in mano, simbolo della bellezza che purtroppo sfiorisce presto, avvertono gli sposi che non bisogna pensare solo al piacere sessuale, perché anche quello passa con il tempo, ma usare questo piacere per avere figli e formare una famiglia. E a questo scopo del matrimonio allude anche la presenza della bambina che cerca qualcosa nella cassapanca.

13 **Rileggi i testi delle attività 10 e 12. Quali sono gli indizi che hanno portato gli studiosi a questa interpretazione del quadro?**

a **Scrivi almeno un indizio per frase.**

1 La donna è Giulia da Varano *perché* ....

2 Giulia da Varano è raffigurata come Venere *perché* ....

3 La donna guarda un uomo che è suo marito *perché* ....

4 Anche se è nuda e provocante, la donna è una moglie fedele *perché* ....

5 Il significato del quadro è legato al matrimonio di Giulia e Guidolbaldo *perché* ....

b **E tu sei d'accordo con questa interpretazione della *Venere di Urbino*? Prova a usare gli indizi per dare una tua interpretazione del quadro.**

14 **Scegli la risposta giusta.**

1 Qual è il genere pittorico della Venere di Urbino?
- ☐ **a** allegorico
- ☐ **b** storico

2 Quale messaggio contiene?
- ☐ **a** una moglie deve essere bella, sensuale, fedele
- ☐ **b** un augurio per un matrimonio felice e prolifico

15 **In questo quadro ci sono molti simboli. Abbina i simboli elencati nella prima colonna al significato corrispondente.**

1 mirto	☐ **a** casata Della Rovere
2 rose	☐ **b** Venere, amore
3 cane	☐ **c** purezza
4 perla	☐ **d** bellezza che sfiorisce
5 colori oro e azzurro	☐ **e** fedeltà

16 **Quali gioielli indossa Venere? Segna quelli che vedi.**

- ☐ un anello al dito
- ☐ un bracciale al polso
- ☐ una cavigliera alla caviglia
- ☐ una collana al collo
- ☐ gli orecchini alle orecchie
- ☐ un diadema in testa

E 13-15

Le parole dell'arte

L'allegoria è un'immagine che volutamente nasconde un altro significato, molto diverso da quello che si vede. **Il simbolo** è un qualsiasi elemento (figura, gesto, parola ecc.) che richiama alla mente un'idea legata a quell'elemento e condivisa dalle persone di un contesto culturale; per esempio, in Italia se io vedo un *cane* penso alla *fedeltà*, all'*amicizia;* se vedo una *rosa*, penso *al tempo che passa* e alla *bellezza che sfiorisce con il tempo* ecc.

Lo stile

17 **Guarda il quadro la *Venere di Urbino*, secondo te qual è l'aggettivo adatto a queste osservazioni?**

1 Il corpo di Venere è dipinto con colori *chiari/scuri* dai toni *caldi/freddi*.
2 Il corpo di Venere è sensuale perché i colori sono *realistici/irrealistici*.
3 Il colore *acceso/spento* del materasso e il colore *chiaro/scuro* della tenda rendono più *luminosi/opachi* i colori chiari del corpo di Venere.
4 I colori chiari dai toni caldi del corpo di Venere sono in *contrasto/armonia* con il colore *chiaro/scuro* della tenda alle sue spalle e con i colori dai toni più freddi dello sfondo.
5 I colori sono stesi con pennellate *fluide/pastose*.

18 **Questione di stile! Leggi il testo e rispondi se è vero o falso.**

Il colore di Tiziano

Tiziano è un pittore particolarmente sensibile all'uso del colore, infatti è un maestro della **pittura tonale**, una tecnica artistica tipica della pittura veneta del XVI[1] secolo. Questa tecnica consiste nello stendere il colore tono su tono sovrapponendo le velature di colore dai toni chiari e luminosi con altre dai toni scuri, in modo da creare un contrasto di luce e ombra. Questo *effetto di chiaroscuro* (il contrasto di luce e ombra), insieme all'accostamento dei colori messi in armonia o in contrasto tra loro, servono, nella pittura tonale, per creare un *effetto di profondità* dello spazio, e per dare volume e plasticità alle figure. Il colore nelle opere di Tiziano è, quindi, l'elemento fondamentale della composizione dei suoi quadri.

[1] XVI si legge *sedicesimo*.

ATTENZIONE
- il *tono* di colore/la ***tonalità*** di colore
- il *velo* di colore/la ***velatura*** di colore

		V	F
1	La pittura tonale è una tecnica artistica usata nel 1700?	☐	☐
2	La pittura tonale è usata solo dai pittori di Venezia?	☐	☐
3	La pittura tonale consiste nel sovrapporre veli di colore?	☐	☐
4	Nella pittura tonale si usano solo colori dai toni chiari?	☐	☐
5	I toni chiari dei colori e i toni scuri creano un effetto di chiaroscuro?	☐	☐
6	L'accostamento dei colori crea l'effetto di profondità dello spazio e di plasticità delle figure?	☐	☐
7	Tiziano è un pittore tonale?	☐	☐

Le parole dell'arte

Il tono di colore è la quantità di luce di un colore; ogni colore ha tanti toni (o **tonalità**) che vanno dai più scuri fino a quelli più chiari e luminosi. Il passaggio graduale da un tono di colore a un altro si chiama **sfumatura**.
Il chiaroscuro è il contrasto tra chiaro e scuro che serve a rendere il passaggio dalla luce all'ombra.
L'effetto di... significa creare *l'impressione, l'illusione* di profondità, volume ecc.
La plasticità in pittura è la capacità di creare un effetto di rilievo, che in realtà non esiste perché la pittura è piatta, attraverso il **chiaroscuro**.
La composizione di un quadro è l'insieme di linee, forme, figure e colori che l'artista usa per comporre (= formare) l'immagine e che perciò si chiamano *elementi compositivi*.

19 **Diciamolo con le parole dell'arte... Abbina le parole della prima colonna al significato corrispondente.**

1	stendere il colore	☐	a	contrasto tra luce e ombra
2	colore tono su tono	☐	b	parti che formano l'immagine del quadro
3	chiaroscuro	☐	c	diversi toni di un colore
4	accostamento dei colori	☐	d	l'impressione di uno spazio profondo
5	effetto di profondità	☐	e	dipingere, colorare
6	effetto di plasticità	☐	f	mettere vicini i colori
7	composizione del quadro	☐	g	impressione di rilievo delle figure

E 16-18

20 **Conosci altri maestri della pittura tonale? Scrivi qui i nomi.**

....

....

21 **Questo è il quadro che ha ispirato la *Venere di Urbino*, quali differenze e quali somiglianze noti?**

Scheda dell'opera

Titolo: *Venere dormiente*
Autore: Giorgione
Data: 1507-1510 circa
Tecnica: olio su tela

Dimensioni: 108,5x175 cm
Soggetto: Venere
Genere: arte profana
Ubicazione: Gemäldegalerie Alte Meister, Dresda, Germania

- Somiglianze:

....

....

....

- Differenze:

....

....

....

L'artista

22 Indovina il titolo di queste opere di Tiziano.

1 Il quadro rappresenta le varie forme dell'amore, si trova a Roma nella Galleria Borghese. **Il titolo è** ....

2 Nel quadro, dipinto nel 1545 e conservato nella Galleria Palatina a Firenze, c'è un misterioso uomo dagli occhi azzurri. **Il titolo è** ....

3 È il ritratto di se stesso conservato a Berlino. **Il titolo è** ....

23 Intervista Tiziano. Scrivi le domande adatte a queste risposte.

1 ....
Mi chiamo Tiziano Vecellio.

2 ....
Sono nato a Pieve di Cadore nel 1480... o forse nel 1485? Non lo so con esattezza, ma a Pieve di Cadore c'è ancora la bella casa dove sono nato e che si può visitare...

3 ....
Fin da bambino ho mostrato un grande interesse e talento per la pittura, perciò mio padre mi ha mandato a impararla a Venezia nella famosa bottega dei fratelli Gentile. A Venezia ho conosciuto moltissimi altri grandi pittori di talento, ma con Giorgione ho avuto una particolare affinità e ho collaborato in diverse opere.

4 ....
Sì, ho avuto molto successo. Ho aperto una mia bottega a Venezia e nel 1516 sono addirittura diventato pittore ufficiale di Venezia! Ma ho lavorato per molti importanti committenti anche di altre città italiane, Ferrara, Mantova, Urbino... ed europee, ho dipinto quadri anche per l'imperatore Carlo V!

5 ....
Mah! Ho dipinto moltissimi ritratti, scene mitologiche, soggetti sacri, allegorici... insomma la mia è stata una produzione di grande varietà.

6 ....
Rappresentano la bellezza che amo esprimere soprattutto attraverso i colori.

7 **C'è una domanda che vorresti fare a Tiziano? Scrivila qui.**

....

....

....

E 19-20

Vuoi conoscere meglio Tiziano?

Cercalo su internet e poi scrivi i tuoi appunti in *Biografie degli artisti: i miei appunti*, p. 103.

In questa unità abbiamo imparato...

- A capire in un semplice testo quali sono i **dati** principali di un'opera.
- A **descrivere** la scena di un quadro riconoscendo le caratteristiche principali dell'**ambientazione** (all'aperto o al chiuso), il tipo di **interno** (lussuoso, povero) e **che cosa c'è** (finestre, colonne, cassapanche ecc.).
- In che **posa** (sensuale, solenne ecc.) e in che **posizione** sono i **personaggi**: sdraiata, seduta, in piedi, frontale, di profilo, di tre quarti, di spalle, in ginocchio, in piedi; **come sono ritratti**: a figura intera, primo piano, mezza figura.
- A **identificare** un personaggio: mitologico (dea, Cupido, puttini), religioso (santa, santo, angelo ecc.), storico; e, se è possibile, a identificare il personaggio attraverso **attributi iconografici** o **modelli iconografici**.
- A comprendere un testo che parla della **storia del quadro** (chi e perché ha commissionato il quadro).
- A fare delle ipotesi sul **significato** del quadro e sulla **destinazione**: il quadro è destinato a un **luogo pubblico** (una chiesa) o a un **luogo privato** (una casa).
- A comprendere un testo che parla dell'**interpretazione** del quadro.
- A capire il **genere artistico** a cui appartiene il quadro: ritratto, arte sacra, genere mitologico allegorico ecc. e il **messaggio** che contiene.
- A osservare lo **stile** in cui è dipinto un quadro, in particolare i vari tipi di colore (realistico, irrealistico, chiari, scuri ecc.), i **toni dei colori** (luminosi, caldi o freddi, spenti ecc.), l'**accostamento** fra loro (in armonia o in contrasto).
- Che la **tecnica stilistica** della **pittura tonale** consiste nello **stendere il colore tono su tono** e nel sovrapporre le **velature di colore**; e che questa tecnica serve a creare nel quadro un **effetto di chiaroscuro**, un **effetto di profondità dello spazio**, un **effetto di volume** e di **plasticità delle figure**.
- Che un quadro è una **composizione** di linee, forme, figure e colori (**elementi compositivi**) creata dall'artista.
- A **confrontare** un quadro con un altro.
- A capire un testo che parla della vita di un artista e a ricostruirne una breve **biografia**.

La lettura della Madonna Sistina

Scheda dell'opera
Titolo: *Madonna Sistina*
Autore: Raffaello Sanzio
Data: 1513-1514 circa
Tecnica: olio su tela
Dimensioni: 265x196 cm
Soggetto: Madonna con Bambino, angeli e santi
Genere: arte sacra
Ubicazione: Gemäldegalerie, Dresda, Germania

1 **Leggi il seguente testo e rispondi alle domande.**

"Papa Giulio II commissiona nel 1514 a Raffaello un quadro dal titolo *Sacra Conversazione* per la chiesa di San Sisto a Piacenza ma, per il nome di questa chiesa e per la presenza di San Sisto nel quadro, l'opera è conosciuta da tutti con il nome di *Madonna Sistina.*
Nel 1754 il quadro è donato ad Augusto III re di Polonia che aveva un'importante collezione di dipinti, oggi esposti nella Gemäldegalerie Alte Meister di Dresda, e tra questi c'è anche questa bellissima Madonna."

1 Chi è il committente del quadro? ....
2 Il titolo viene dal tema iconografico? Qual è? ....
3 Perché si chiama *Madonna Sistina?* ....
4 Perché oggi si trova a Dresda? ....
5 Qual è il genere pittorico? ....

2 **Abbiamo già descritto la scena di questo quadro nell'unità 2, ora descrivila qui brevemente con parole tue (Chi è? In che posizione è? Che cosa fa?), aiutandoti con le parole date.**

a figura intera • in ginocchio • a mezzo busto • in braccio • frontale • di profilo

Al centro c'è ....
A destra ....
A sinistra ....
In basso ....

Le parole dell'arte

La Sacra Conversazione è un tema iconografico che rappresenta la Madonna, di solito seduta sul trono o sulle nuvole, circondata da santi con cui parla di argomenti religiosi.

3 **Osserva il quadro e parlane con i compagni.**

1 Che cos'è la *Sacra Conversazione*? ....

2 Secondo te, nel quadro di Raffaello, la Madonna:
- ☐ **a** conversa (= parla) con San Sisto e Santa Barbara
- ☐ **b** appare ai santi e ai fedeli
- ☐ **c** sale in cielo con Gesù Bambino

4 **Leggi e rispondi alle domande.**

La Madonna Sistina

La scena che Raffaello ha dipinto non segue affatto l'iconografia tradizionale della *Sacra Conversazione* perché contiene molti elementi innovativi. Innanzitutto, per la prima volta la Madonna è raffigurata a figura intera in piedi e non seduta; inoltre la scena sacra appare come sul palcoscenico di un teatro dove la tenda verde si apre e mostra la meravigliosa apparizione della Madonna. La tenda e la balaustra di legno, dove sono gli angioletti, dividono chiaramente il mondo celeste dal mondo terreno dei fedeli che guardano la scena, ma i due mondi sono in contatto tra loro.
San Sisto I, infatti, indica i fedeli fuori dal quadro che stanno guardando la scena e sembra chiedere alla Madonna, che pure li guarda con intensità, di ascoltare le loro preghiere. Raffaello coinvolge, quindi, i fedeli nella Sacra Conversazione, li fa partecipare, li avvicina al mondo celeste.
Le stesse figure sacre sono più simili agli uomini e, infatti, nessuna ha l'aureola: gli angioletti sono rappresentati come bambini buffi e vivaci, i santi intercedono per i fedeli con la preghiera e, infine, la Madonna, bellissima e dignitosa, indossa una veste semplice, cammina scalza senza ornamenti ed è circondata solo dalla luce divina. La semplicità umana della Madonna è, però, compensata dalla sua bellezza celestiale, quella bellezza di rara perfezione che hanno tutte le Madonne di Raffaello.

1 La scena rappresentata da Raffaello è innovativa o tradizionale?

....

2 Che cosa è diverso dall'iconografia tradizionale della Sacra Conversazione?

....

3 Che cosa ricorda l'ambientazione della scena?

....

4 I fedeli partecipano a questo sacro evento? Perché?

....

5 Le figure sacre sembrano più umane, da che cosa si capisce?

....

6 Quale destinazione aveva quest'opera?

....

7 Quale messaggio contiene?

....

L'arte sacra

A questo genere artistico appartengono tutte quelle immagini che hanno un **soggetto** sacro: la Madonna, Gesù, i santi, i martiri, gli angeli ecc. (riconoscibili da precisi *attributi iconografici*) o che raccontano un avvenimento sacro come la Natività di Gesù, la Crocifissione ecc. Queste immagini sono state codificate dalla Chiesa nei secoli in *temi iconografici* molto precisi che si ripetono quasi sempre uguali in modo da essere facilmente riconoscibili.
La Chiesa infatti, fin dalle sue origini, ha usato l'arte per far conoscere e insegnare al popolo cristiano la sua dottrina ed educarlo alla fede e alla devozione.

5 **Osserva il quadro della *Madonna Sistina* e scegli la risposta corretta.**

1 I colori sono *scuri/luminosi*.
2 La gamma dei colori usati ha toni *caldi/freddi*.
3 Lo spazio della scena è *profondo/piatto*.
4 Le figure sono disposte nello spazio *a caso/con armonia*.
5 Le figure *hanno volume/sono piatte*.

6 **Questione di stile! Leggi il testo e rispondi se è vero o falso.**

La composizione di Raffaello

La *Madonna Sistina,* come tutte le altre opere di Raffaello, è un'opera caratterizzata da una composizione molto equilibrata e armoniosa delle figure, dei colori, delle linee e della luce. Raffaello usa questi elementi compositivi del quadro per dare all'ambientazione della scena uno spazio che sembra reale perché sembra profondo.
Nello spazio poi dispone le figure in modo bilanciato, ma naturale, con armonia e, attraverso l'uso di varie gradazioni di colori, crea morbidi effetti plastici che danno rilievo e volume alle figure. La gamma dei colori di questo quadro ha, per lo più, toni freddi, ma molto luminosi con zone di giallo e rosso che li ravvivano.
Le figure, soprattutto quelle femminili, sono molto belle ed eleganti sia nei volti, che hanno espressioni dolci e poetiche, sia nelle pose che sono varie e aggraziate.
Raffaello usa, dunque, il tema sacro di questo quadro, che ha lo scopo di educare i fedeli alla devozione, per cambiare il modo di guardare al mondo celeste, che avvicina al mondo degli uomini attraverso l'umanizzazione dei personaggi. Al contempo, con il suo personale linguaggio stilistico, comunica un concetto di bellezza, armonia, equilibrio e perfezione proprio del pensiero dell'arte del Rinascimento.

		V	F
1	Nel quadro c'è armonia ed equilibrio fra gli elementi della composizione?	☐	☐
2	Lo spazio della scena è creato solo attraverso il disegno?	☐	☐
3	È la profondità a far sembrare reale lo spazio?	☐	☐
4	Le figure sono disposte in modo bilanciato?	☐	☐
5	Il volume e il rilievo delle figure sono create attraverso i colori?	☐	☐
6	La gamma dei colori ha toni freddi e spenti?	☐	☐
7	Le figure, ritratte in varie pose, sono tutte aggraziate?	☐	☐
8	Lo stile di Raffaello si basa sulla ricerca di bellezza, armonia e perfezione?	☐	☐
9	Lo stile di Raffaello è proprio dell'arte rinascimentale?	☐	☐

E 21-26

Le parole dell'arte

La gamma dei colori o tavolozza dei colori indica tutti i colori, in questo caso i colori che sono stati usati nel quadro.
Disporre **in modo bilanciato** significa disporre le figure con equilibrio fra loro, nel caso della *Madonna Sistina* c'è una figura al centro, una a destra, una sinistra e quella degli angioletti sotto (in caso contrario le figure sarebbero, per esempio tutte da una parte). Si dice anche *bilanciare* le figure o il *bilanciamento* delle figure.

7 **Di quale *effetto* parlano le seguenti frasi?**

effetto cromatico • effetto di profondità dello spazio • effetto visivo • effetto plastico • effetto compositivo

1 Nel quadro c'è equilibrio e armonia di linee, figure, colori, e luce. ....
2 Lo spazio è realistico perché è profondo. ....
3 Le gradazioni di colore danno rilievo e volume alle figure. ....
4 I colori hanno toni freddi ma luminosi. ....
5 Le figure hanno pose aggraziate, sono belle da vedere. ....

8 **Che cosa pensi di quest'opera? Scrivi una sola frase.**

Secondo me... ....

9 **Il personaggio misterioso... la modella di Raffaello. Cerca su internet, scopri il nome e la storia della modella di Raffaello e scrivi tutto qui!**

Secondo alcuni studiosi, Raffaello ha usato come modella nella *Madonna Sistina* e in molte altre sue opere sempre la stessa donna...

....
....
....
....
....

10 **Indovina il titolo di queste opere di Raffaello.**

1 Nel quadro è ritratta una giovane donna seminuda, in testa ha un turbante con una spilla con una perla pendente e al braccio un bracciale con scritto il nome di Raffaello. **Il titolo è** ....
....

2 Sono due ritratti dello stesso papa, uno si trova a Londra, l'altro a Firenze. **Il titolo è** ....
....

3 È un quadro di arte sacra dove Gesù e San Giovanni giocano con un uccellino, si trova a Firenze nel Museo degli Uffizi. **Il titolo è** ....
....

Vuoi conoscere meglio Raffaello?

Cercalo su internet e poi scrivi i tuoi appunti in *Biografie degli artisti: i miei appunti*, p. 103.

Periodi e stili dell'arte italiana

Il secolo XVI

1 **Guarda queste opere e poi scegli la risposta giusta.**

Gioconda
databile tra il 1503 e il 1515

Venere di Urbino
1538

Madonna Sistina
1513-1514 ca.

1 Che cosa hanno in comune?
- ☐ **a** l'autore
- ☐ **b** il periodo
- ☐ **c** il soggetto

2 Di quale quadro conosciamo la data esatta?
- ☐ **a** della *Gioconda*
- ☐ **b** della *Madonna Sistina*
- ☐ **c** della *Venere di Urbino*

3 A quale secolo corrispondono le date di questi dipinti?
- ☐ **a** al Cinquecento
- ☐ **b** al Seicento
- ☐ **c** al Quattrocento

2 **Completa le frasi con le date scritte di seguito.**

1538 • XVI • Cinquecento

1 È un'opera del .... secolo.
2 È un'opera del ....
3 È stato dipinto nel ....

ATTENZIONE
- i **secoli** si scrivono sempre con la lettera iniziale maiuscola: il **T**recento, il **S**eicento, l'**O**ttocento ecc.
- per **arte del Cinquecento** si intende, di solito, quella del **1500**, e non quella del 500

3 **Abbina le domande della prima colonna alle risposte corrette.**

1 A quale numero corrisponde **XVI**?
2 A quale numero corrisponde **V**?
3 A quale numero corrisponde **I**?
4 A quale numero corrisponde **X**?
5 Come si chiamano i numeri scritti con questi segni?

☐ **a** al numero 5
☐ **b** numeri romani
☐ **c** al numero 16
☐ **d** al numero 1
☐ **e** al numero 10

Le parole dell'arte

I **numeri romani** sono i numeri che usavano gli antichi Romani e sono formati da segni che derivano dalle lettere dell'alfabeto romano.

ATTENZIONE
- per conoscere meglio i **numeri romani** guarda la scheda a pagina 42

Lo stile dell'epoca

4 **Confronta questi ritratti con quello della *Gioconda*.**

a

b

c

1 Quale ti sembra dello stesso periodo? ....

2 Perché? Segna che cosa è simile (✓) alla *Gioconda* e che cosa no (✗).
   a il tipo di vestiti ...., di gioielli ...., di pettinatura ....
   b il modo di ritrarre il volto ...., il corpo della donna ....
   c la posizione del corpo ...., del volto ...., delle mani ....
   d il volume della figura ....
   e l'ambientazione ...., lo sfondo ....
   f i colori ....
   g il periodo in cui il quadro è stato dipinto ....

5 **Rispondi alle domande.**

1 Che cosa rende simili la *Gioconda* e il quadro B, la *Velata* di Raffaello?
   ☐ **a** lo stile ☐ **b** il soggetto

2 Come si chiama lo stile del periodo delle opere di Leonardo, Raffaello e Tiziano?

....

Le parole dell'arte

Lo stile di un'opera d'arte è dato da tutte le sue caratteristiche formali determinate dalle tecniche artistiche e dai contenuti scelti da ogni artista per esprimere le proprie idee ed emozioni (*lo stile dell'artista*), ma influenzate anche dai valori sociali, morali religiosi e dal gusto dell'arte dell'epoca (*lo stile dell'epoca*). Per questo motivo opere fatte nello stesso periodo storico hanno caratteristiche di forme e contenuti simili.

Il Rinascimento

6 **Prova a rispondere a queste domande.**

1 Che cosa significa la parola *Rinascimento*?

....

....

2 In quale città italiana è nato il Rinascimento?

....

....

3 Perché il disegno a lato di Leonardo è considerato "un'immagine simbolo" del Rinascimento?

....

....

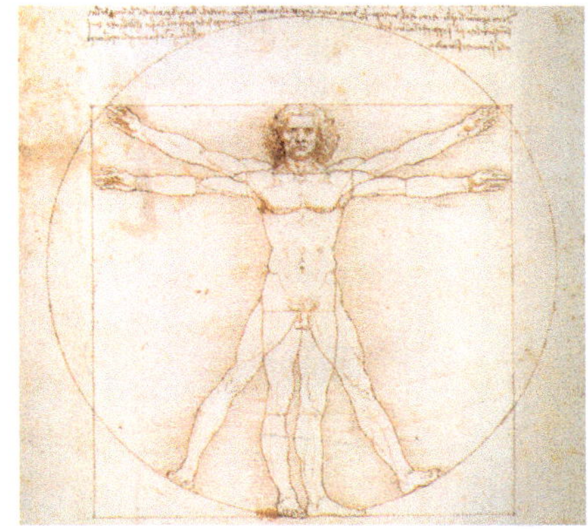

L'*Uomo vitruviano*, Leonardo.

7 **Leggi e rispondi alle domande.**

Il Rinascimento

Il Rinascimento è un periodo dell'arte e della cultura italiana che comincia a Firenze agli inizi del Quattrocento e da qui si diffonde in Italia e Europa fino ai primi decenni del Cinquecento.
Il nome *Rinascimento* si riferisce al fatto che in questo periodo *non nasce* una nuova arte, ma "*rinasce*" l'arte classica, cioè l'arte antica della civiltà greco-romana. Tutti gli artisti del Rinascimento, infatti, ognuno a modo suo, studiano e si ispirano all'arte classica imitandone lo stile, le forme, l'armonia delle composizioni e i temi, soprattutto quelli dell'antica mitologia greco-romana.
Un'altra grande novità del periodo rinascimentale è che gli artisti considerano l'arte come un modo per conoscere la natura e il mondo reale in cui vivono perché per rappresentarli correttamente nei loro quadri, devono studiarli attentamente e capire come sono fatti.
Un esempio di questa ricerca di conoscenza del mondo reale attraverso l'arte è l'invenzione della *prospettiva*, una tecnica figurativa che serve a creare l'illusione della profondità dello spazio nelle scene dei quadri. Grazie all'uso della prospettiva, infatti, gli artisti rinascimentali creano con successo nei quadri uno spazio simile a quello reale.
Altro tratto fondamentale dell'arte rinascimentale è l'interesse per l'uomo e per le sue capacità di conoscere, capire e conquistare il mondo. Nel Rinascimento l'uomo diventa il protagonista del mondo anche nell'arte e per questo lo si rappresenta in modo realistico, riportando la fisionomia di ciascuno e cogliendone anche le emozioni e la personalità.

Quali sono i temi più importanti dell'arte rinascimentale?

1 Lo studio, l'imitazione e l'ispirazione all'arte antica.

2 ....

3 ....

4 ....

5 ....

8 **Parliamone insieme.**
Nelle opere che abbiamo finora analizzato, la *Gioconda*, la *Madonna Sistina*, la *Venere di Urbino*, quali temi dell'arte rinascimentale ci sono (vedi attività 7)? In quale opera e perché?

Le parole dell'arte

L'arte classica indica generalmente l'arte dell'antica civiltà greco-romana (cioè dell'Antica Grecia, dal 1000 a.C. al 146 a.C., anno in cui la Grecia è conquistata da Roma; e dell'Antica Roma, dal 753 a.C. al 476 d.C.). L'arte di questo periodo è detta anche del *periodo classico* o *arte Antica*.
Imitare l'arte classica nel Rinascimento non significa "copiare" l'arte classica, ma studiarla per comprendere il significato della cultura greco-romana.

La prospettiva è una tecnica figurativa pensata per rappresentare su una superficie bidimensionale la tela del quadro, lo spazio tridimensionale (altezza, larghezza e profondità). Il primo a pensare a questo sistema in modo scientifico (*la prospettiva lineare centrica*) è stato l'architetto Filippo Brunelleschi agli inizi del Quattrocento a Firenze.

9 **Diciamolo con le parole dell'arte... Completa le frasi con le seguenti parole.**

realistico • prospettiva • imitare • composizioni • si ispira • temi • copiano • forme

1 L'arte del Rinascimento .... all'arte antica.
2 Gli artisti vanno a Roma per studiare e .... le opere d'arte classiche.
3 Ammirano lo stile, la purezza delle ...., l'armonia delle ....
4 Si rappresentano molti .... dell'arte antica, soprattutto quelli mitologici.
5 Gli artisti imitano l'arte classica, non la ....
6 L'uomo è rappresentato in modo .... perciò le figure hanno volume e occupano uno spazio che sembra reale.
7 Nei quadri rinascimentali lo spazio sembra profondo grazie all'uso della ....

I periodi e gli stili

10 **Abbina i nomi della prima colonna ai periodi corrispondenti.**

1 il periodo antico
2 il periodo medievale
3 il periodo moderno
4 il periodo contemporaneo

☐ **a** dal 1492 fino al 1789 (anno della Rivoluzione francese)
☐ **b** dalla fine del periodo moderno a oggi
☐ **c** dal 3000 a.C. fino al 476 d.C. (anno della fine dell'Impero Romano d'Occidente)
☐ **d** dal 476 d.C. al 1492 (anno della scoperta dell'America)

ATTENZIONE
- **periodo = epoca, età**
- periodo antico o età antica
- periodo moderno o età moderna
- periodo contemporaneo o età contemporanea

11 **Conosci il nome di altri stili e movimenti dell'arte italiana? Metti i nomi scritti di seguito nel periodo corrispondente.**

Paleocristiano • Gotico • Romanico • Barocco • Rinascimento • Rococò • Manierismo • Cubismo • Neoclassicismo • Greco • Macchiaioli • Futurismo • Pittura metafisica • Astrattismo • Bizantino • Arte concettuale • Transavanguardia

Periodo antico	Periodo medievale	Periodo moderno	Periodo contemporaneo
Stile etrusco			
Romano			

In questa unità abbiamo imparato...

- Che quando la **data** di un quadro è accompagnata da ***circa*** o ***databile*** significa che la data non è precisa.
- Che il **secolo** in cui è stata realizzata un'opera si può scrivere con le lettere, il **Cinquecento**, il **Settecento** ecc. oppure con i numeri romani: il **XVI secolo**, il **XVIII secolo** ecc.
- Che le opere di artisti diversi ma dipinte nello stesso **periodo storico** o **epoca** possono avere delle caratteristiche stilistiche comuni date dai valori sociali, morali religiosi e, soprattutto, dal gusto dell'arte di quell'epoca.
- Che i quadri che abbiamo studiato, la *Gioconda*, la *Madonna Sistina*, la *Venere di Urbino*, sono di **stile rinascimentale**.
- I temi principali dell'**arte rinascimentale**.
- In quali **periodi** è divisa la storia italiana: il **periodo antico** (dal 3000 a.C. fino al 476 d.C.), il **Medioevo** (dal 476 d.C. al 1492), il **periodo moderno** (dal 1492 fino al 1789), il **periodo contemporaneo** (dal 1789 ad oggi).
- Come si chiamano i principali **stili artistici** italiani e, grosso modo, a quale periodo appartengono.

Individuare il periodo e lo stile di un'opera

1 **Osserva il quadro e la data. Quando è stato dipinto?**

- ☐ **a** nel IX secolo
- ☐ **b** nel XV secolo
- ☐ **c** nel XIX secolo

Sandro Botticelli, La *Primavera*, 1482 circa, Galleria degli Uffizi, Firenze.

2 **A quali secoli corrispondono le date di questi quadri? Scrivilo accanto alla data corrispondente.**

Per esempio: Il 1285 corrisponde al *Duecento* o *XIII secolo*.

1

2

3

1 Previati, *Il sogno*, 1912. ....

2 Giotto, *Natività di Gesù*, 1303-1305. ....

3 Canaletto, *Il Bucintoro al molo nel giorno dell'Ascensione*, 1740. ....

3 **Ora abbina i secoli, nella prima colonna, ai periodi storici corrispondenti.**

1 Il Trecento	☐ **a** periodo contemporaneo
2 Il Settecento	☐ **b** periodo medievale
3 Il Novecento	☐ **c** periodo moderno

4 **Cerca gli intrusi! Fra i seguenti quadri, solo due sono dello stesso periodo storico e di stile rinascimentale. Quali?**

a

b

c

d

e

f

1 I quadri rinascimentali sono ....

2 Gli altri quadri di che periodo sono? Prova a indovinare e spiega il perché.
Per esempio: è del Seicento per lo stile/il soggetto/le figure/l'autore ecc.

....

....

....

....

....

....

5 **Quale dei seguenti quadri che rappresentano l'Adorazione dei Magi è di stile rinascimentale? Trovalo seguendo gli indizi che descrivono alcuni degli elementi tipici dello stile dell'arte rinascimentale.**

a

b

c

d

- **I personaggi**: sono realistici; ci sono tanti tipi di persone (alte, basse ecc.); i movimenti sono naturali.
- **Il paesaggio**: è realistico; ci sono i resti di architetture antiche.
- **Lo spazio**: è profondo; è costruito con la prospettiva.
- **La composizione delle figure**: è bilanciata; le figure hanno pose aggraziate.
- **I colori**: danno volume alle figure (effetto plastico); cambiano con la luce.

L'*Adorazione dei Magi* di stile rinascimentale è il quadro ....

6 **L'Adorazione dei Magi è un tema iconografico dipinto da moltissimi artisti in ogni epoca. Parliamone insieme.**

1 Sai a quale episodio della storia cristiana si riferisce? Se sì, prova a raccontarlo.
2 Conosci altri quadri di pittori italiani con questo tema? Se sì, di quale artista?

7 **Le seguenti opere sono tutte del periodo rinascimentale e hanno lo stesso soggetto, ma sono di autori diversi. Indica un elemento di stile rinascimentale (vedi l'attività 5) per ogni opera.**

1 Vittore Carpaccio, *San Giorgio e il drago*, 1502, Scuola di San Giorgio degli Schiavoni, Venezia.

2 Paolo Uccello, *San Giorgio e il drago*, 1456, National Gallery, Londra.

3 Tintoretto, *San Giorgio e il drago*, 1560, National Gallery, Londra.

8 **Conosci la storia di *San Giorgio e il drago*? Cercala su internet e rispondi alle domande.**

1 Di che cosa parla?
2 Che cosa significa?
3 In quali periodi storici è stata più rappresentata e perché?

9 **Osserva i seguenti quadri: hanno lo stesso soggetto, la Madonna con il Bambino, ma sono di periodi, stili e autori diversi. Rispondi alle domande.**

Simone Martini, *Madonna con Bambino*, 1310-1345, Metropolitan Museum, New York.

Raffaello, *Madonna del Granduca*, 1506, Galleria Palatina, Palazzo Pitti, Firenze.

Roberto Ferruzzi, *La Madonnina*, 1897 ca.

1 Quale di questi tre quadri ti piace e perché? ....
2 Secondo te, in che cosa sono diverse queste Madonne? ....
3 Ogni Madonna riflette anche la religiosità del suo tempo, perciò, secondo te, che tipo di Madonna vogliono rappresentare questi artisti? (scrivi una frase sola). ....

I numeri romani

I *numeri romani* si usano ancora oggi per indicare i secoli, mentre fino alla fine dell'Ottocento si usavano anche per scrivere le date delle opere d'arte. I caratteri che formano i *numeri romani* derivano da lettere dell'antico alfabeto romano. Queste sono le regole generali:

- **Ci sono 7 caratteri base.**

I →	1	uno	**L** →	**50**	cinquanta	**M** → **1000**	mille
V →	5	cinque	**C** →	**100**	cento		
X →	10	dieci	**D** →	**500**	cinquecento		

- **Non c'è lo zero.**

- **I numeri romani si leggono sempre da sinistra a destra.**

IV → 4 (5 – 1)
VI → 6 (5 + 1)

- **I caratteri base si compongono tra loro per formare gli altri numeri, per somma o sottrazione.**

Per esempio:

II → 2 { I + I → 1 + 1
VII → 7 { V + I + I → 5 + 1 + 1
XVI → 16 { X + V + I → 10 + 5 + 1

IV → 4 (5 – 1)
IX → 9 (10 – 1)

- **Il medesimo carattere si può ripetere solo per 3 volte, poi bisogna sottrarre uno, scrivendo prima il numero più piccolo.**

III → 3 (1 + 1 + 1)
IV → 4 (5 – 1)
VIII → 8 (5 + 1 + 1 + 1)
IX → 9 (10 – 1)

XXX → 30 (10 + 10 + 10)
XL → 40 (50 – 10)

- **V; L; D non si ripetono mai.**

- **Quando indicano i secoli, i numeri romani si leggono come i *numeri ordinali*.**

Per esempio:

I sec. → primo secolo
II sec. → secondo secolo
III sec. → terzo secolo ecc.

- **Quando indicano i secoli, i numeri romani sono spesso seguiti da: a.C. o d.C.**

a.C. significa **a**vanti **C**risto: indica i secoli precedenti alla nascita di Cristo.
d.C. significa **d**opo **C**risto: indica i secoli successivi alla nascita di Cristo.

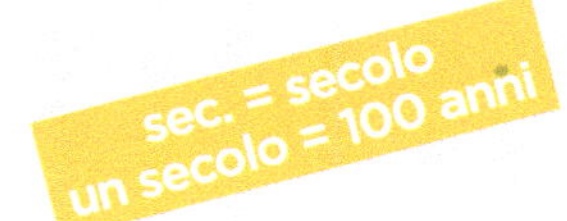

Per esempio:

si scrive...:	si legge...:	indica il periodo che va dall'anno... all'anno
I sec.	*primo* secolo	dall'**A.D.**[1] al **100 d.C.**
VII sec.	*settimo* secolo	dal **601** al **700**
XII sec.	*dodicesimo* secolo	dal **1100** al **1200**
XIX sec.	*diciannovesimo* secolo	dal **1800** al **1900**

[1] **A.D.** = *Anno Domini*, è l'anno in cui è nato Gesù Cristo.

Analisi di opere di diversi stili e periodi

1 • Il corteo di Teodora

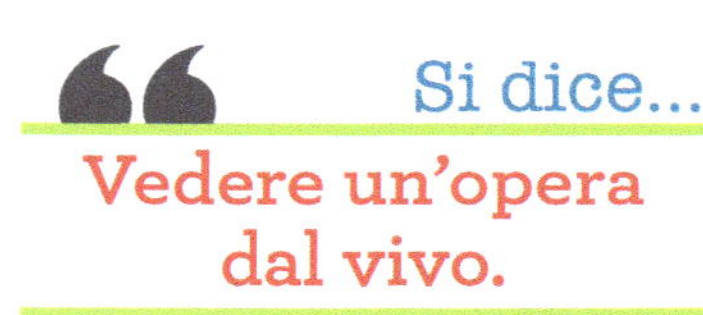

1 **Osserva l'opera e parlane con i tuoi compagni.**

1 Conosci quest'opera?
2 L'hai mai vista dal vivo?
3 Secondo te, che cosa raffigura?
4 Ti piace?
5 Perché?

2 **Leggi il seguente testo e poi completa i dati dell'opera.**

“Questo grande mosaico (421x280 cm) si trova nella Basilica di San Vitale a Ravenna. Realizzato da artisti sconosciuti nel VI secolo d.C., raffigura lo sfarzoso corteo dell'imperatrice Teodora durante una cerimonia religiosa. Proprio di fronte a questo, c'è un altro mosaico con una scena simile, dove è però ritratto l'imperatore Giustiniano, marito di Teodora.”

1 Titolo: ....
2 Dimensioni: ....
3 Autore: ....
4 Tecnica: ....
5 Data: ....
6 Ubicazione: ....

3 **Guarda l'immagine di p. 44. Riconosci l'imperatrice Teodora? Se sì, perché? Rifletti su *ambiente* della scena, *posa* della figura e *oggetti*.**

4 **Che cosa significa questa scena? Di che tipo di cerimonia religiosa si tratta? Fai un'ipotesi.**

....

5 **Descrivi la scena. Scegli la risposta giusta.**

1 Dove è ambientata la scena?
- ☐ **a** in chiesa
- ☐ **b** nel palazzo imperiale

2 In che posizione sono le figure?
- ☐ **a** frontale ☐ **b** di profilo

3 Le figure sono:
- ☐ **a** disposte a caso
- ☐ **b** allineate

4 Tutte le figure sono:
- ☐ **a** in piedi ☐ **b** sedute

5 Riconosci l'imperatrice perché:
- ☐ **a** è al centro della scena
- ☐ **b** è la più alta e ha gioielli più sfarzosi

6 Che cosa ha in mano l'imperatrice?
- ☐ **a** niente
- ☐ **b** un calice d'oro e di pietre preziose

7 Chi sono gli altri personaggi raffigurati?
- ☐ **a** la famiglia dell'imperatrice
- ☐ **b** persone della corte dell'imperatrice

8 I volti dei personaggi:
- ☐ **a** sono simili tra loro
- ☐ **b** sono tutte diversi

9 I personaggi indossano:
- ☐ **a** una veste lunga e un mantello
- ☐ **b** una veste corta e pantaloni

6 **Leggi il seguente testo e poi rispondi se è vero o falso.**

Galleria di immagini • San Vitale

Il mosaico di Teodora e la sua corte

La scena raffigura l'imperatrice Teodora e le dame[1] della sua corte durante una cerimonia religiosa in cui l'imperatrice offre un prezioso calice d'oro tempestato di pietre preziose per la messa alla Basilica di San Vitale, all'epoca la chiesa più importante di Ravenna. Tutte le figure sono disposte secondo una rigida gerarchia di corte, ma l'imperatrice si riconosce facilmente perché è più alta, indossa un mantello color porpora[2], il colore degli imperatori, ha i gioielli più sfarzosi e l'aureola che di solito hanno solo i santi e gli angeli. Inoltre, sull'orlo del suo mantello c'è il disegno dei re Magi, un disegno che allude chiaramente al valore simbolico dei doni che gli imperatori fanno alla Basilica, che sono doni importanti come quelli che i re Magi hanno portato a Gesù Bambino riconoscendolo come l'unico Dio.

[1] dame di corte: erano signore aristocratiche che vivevano nella corte dell'imperatice e la assistevano.
[2] color porpora: colore rosso cupo.

		V	F
1	Nella scena l'imperatrice offre un calice per la messa?	☐	☐
2	Le figure sono disposte a caso perciò l'imperatrice non è davanti a tutti?	☐	☐
3	L'imperatrice si riconosce anche per l'altezza diversa dalle altre dame?	☐	☐
4	L'imperatrice ha l'aureola intorno alla testa e indossa un mantello viola?	☐	☐
5	I doni che gli imperatori offrono sono gli stessi di quelli dei re Magi?	☐	☐

E 1-2

7 Rileggi il testo dell'attività 6 e rispondi alle domande.

1 Quali sono i simboli del potere di Teodora? ....
2 Quale destinazione aveva quest'opera? ....
3 Qual è il suo messaggio? ....
4 Di che genere artistico è? ....

Il genere storico-celebrativo

I soggetti di questo antico genere pittorico sono importanti personaggi o avvenimenti storici, ritratti per essere ricordati e glorificati. Nel mosaico di Teodora, per esempio, è raffigurata una cerimonia religiosa (che in realtà non è mai avvenuta) per esaltare l'importanza del personaggio attraverso un avvenimento simbolico che tutti possono capire e ammirare.

8 Osserva lo stile del mosaico e rispondi con sì o no.

		SÌ	NO
1	La scena è di carattere sacro.	☐	☐
2	Le figure sono ritratte in modo molto realistico, in pose naturali.	☐	☐
3	Le dame hanno tutte la stessa altezza.	☐	☐
4	Nel disegno delle figure prevale la linea.	☐	☐
5	Le figure non hanno volume, non hanno corpo.	☐	☐
6	Tutte le figure sono su un unico piano, non c'è effetto di profondità dello spazio.	☐	☐
7	Le figure si muovono, fanno gesti diversi.	☐	☐
8	I volti hanno espressioni solenni, serie.	☐	☐
9	I colori sono belli e vivaci.	☐	☐
10	Vestiti e gioielli sembrano molto preziosi.	☐	☐

9 Abbina le parti corrispondenti.

Nella scena è/sono rappresentata/e...

1 la rigida gerarchia nella corte di Teodora
2 Teodora come una santa
3 tutte le figure su un unico piano
4 le dame che partecipano a un'importante cerimonia
5 la ricchezza della corte di Teodora

Come è/sono rappresentata/e...

☐ **a** non ci sono effetti di profondità dello spazio
☐ **b** le figure sono frontali, immobili e ripetitive nei gesti
☐ **c** le figure sono allineate secondo un ordine preciso
☐ **d** ambiente, abiti e gioielli hanno colori belli e vivaci
☐ **e** ha l'aureola

Le parole dell'arte

Il **mosaico** è una composizione figurativa fatta mettendo vicini pezzetti di materiali (*tessere*) di diversa natura (pietre, vetro, conchiglie ecc.) e di diverso colore. L'arte del mosaico si chiama anche *arte musiva*.

La **basilica** è una chiesa particolarmente importante; quelle più antiche hanno precise caratteristiche architettoniche.

10 Diciamolo con le parole dell'arte... Completa le frasi con le seguenti parole.

proporzioni • ieratici • simbolico • stilizzato • bidimensionali

1 Il disegno delle figure è semplice ed essenziale, è ....
2 La figura dell'imperatrice è più alta delle altre, l'artista ha mantenuto la gerarchia nelle ....
3 I volti delle figure sono fissi, solenni, ...
4 I corpi non hanno volume, ma solo altezza e larghezza, sono ....
5 Il disegno dei re Magi sulla veste è ...., allude all'importanza del dono che Teodora sta facendo.

Le parole dell'arte

Le **proporzioni gerarchiche** delle figure sono una caratteristica dell'arte medievale in cui le figure dei personaggi importanti, soprattutto quelle sacre, sono più grandi rispetto alle altre figure; se nella scena ci sono uomini, di solito sono piccolissimi rispetto alle figure sacre.
Bidimensionale significa che ci sono solo due dimensioni, altezza e larghezza, perciò il disegno è piatto; se un disegno è tridimensionale, significa che c'è anche la terza dimensione, cioè la profondità.
Stilizzare significa rappresentare una figura con poche linee secondo un modello essenziale; ha lo stesso significato di *semplificare*, *sintetizzare*.

2

11 Questione di stile! Ascolta e segna quali tra le seguenti frasi sono presenti nel testo. Poi rileggi il testo per controllare le tue risposte.

1 Il mosaico del corteo di Teodora è uno degli esempi più belli di arte bizantina in Italia. ☐
2 L'arte bizantina ha rappresentato esclusivamente gli imperatori di Bisanzio. ☐
3 L'arte bizantina ha avuto un carattere totalmente religioso. ☐
4 Gli imperatori, simbolo del potere terreno che deriva da Dio, sono rappresentati come le figure sacre. ☐
5 L'arte bizantina ha influenzato l'arte italiana del periodo medievale. ☐

Il corteo di Teodora

Il mosaico del corteo di Teodora è uno degli esempi più belli di arte bizantina in Italia, un'arte che si chiama così perché è nata nella città di Bisanzio (oggi Istanbul) nel IV secolo ed è durata fino al XV secolo, cioè circa mille anni. L'arte bizantina ha avuto un carattere totalmente religioso e infatti ha rappresentato quasi esclusivamente soggetti sacri della religione cristiana (Gesù, la Madonna, i santi ecc.), fondamentale nella vita degli uomini del tempo. Questo carattere religioso è evidente anche nei mosaici di San Vitale dove gli imperatori, simbolo del potere terreno che deriva da Dio, sono rappresentati come le figure sacre e perciò con un disegno piatto e stilizzato, in posizione solennemente rigida e frontale; in pratica gli imperatori non sono rappresentati come figure umane e reali, ma divine. Anche lo sfarzo dell'ambiente, i gioielli e gli abiti sontuosi sono tipici delle rappresentazioni dell'arte bizantina che nei suoi mille anni non ha mai cambiato le caratteristiche principali del suo stile.

E 3

12 Che cosa pensi di quest'opera? Scrivi solo una frase.

Secondo me... ....
....

Un po' di storia...

Nel IV secolo d.C. l'antico Impero romano viene diviso in due parti: l'*Impero romano d'Oriente* con capitale Bisanzio (chiamata anche Costantinopoli) e l'Impero romano d'Occidente con capitale prima Roma e poi Ravenna (dal 395 al 751). Al tempo del mosaico di Teodora, quindi, Ravenna è la capitale dell'Impero romano d'Occidente, ma governata dall'imperatore romano d'Oriente, Giustiniano per l'appunto, che vuole riunire l'Impero e liberare l'Italia dagli invasori Goti. Giustiniano riesce a liberare l'Italia, ma dopo la sua morte comincia un periodo di conquiste territoriali da parte dei vari popoli germanici che porta alla fine definitiva dell'Impero romano.

3

13 **Il personaggio misterioso... Ascolta il brano e poi racconta in breve un episodio che ti ha colpito dell'incredibile storia dell'imperatrice Teodora.**

Bella e intelligente, ma di umili origini... come ha fatto Teodora a diventare addirittura imperatrice?

....

....

....

....

14 **A proposito di arte bizantina... Indovina il titolo di questi tre capolavori dell'arte bizantina.**

1 È un mosaico che si trova nel Duomo di Cefalù in Sicilia, ritrae Cristo in trono che benedice.
Il titolo è ....

2 È vestita di nero, seduta sul trono e circondata da angeli, l'ha dipinta Duccio di Buoninsegna.
Il titolo è ....

3 Si trova nella chiesa di Santa Maria in Trastevere a Roma, raffigura la Madonna con il Bambino in trono fra due angeli. **Il titolo è** ....

15 **Confronta il mosaico di Teodora con un'altra opera di stile bizantino trovata su internet. Quali caratteristiche dello stile bizantino ci sono? Segnale!**

Galleria di immagini • L'arte bizantina

Titolo dell'opera scelta: ....

Data: ....

Tecnica: ....

Ubicazione: ....

- ☐ Le figure sono immobili e in posizione frontale.
- ☐ Le figure hanno i volti simili con espressioni solenni e lo sguardo fisso.
- ☐ Le figure ripetono gesti uguali.
- ☐ I personaggi sono disposti secondo le *proporzioni gerarchiche* (i personaggi sacri o comunque importanti sono più grandi degli altri).
- ☐ I personaggi minori hanno la testa alla stessa altezza (isocefalìa) e sono ancora più simili tra loro.
- ☐ Le figure sono monumentali.
- ☐ Il disegno è molto *stilizzato*, le figure sono piatte, senza volume (*bidimensionale*).
- ☐ Non c'è effetto di profondità dello spazio.
- ☐ Lo sfondo è *monocromatico* (di 1 solo colore) di colore blu o oro.
- ☐ Le scene sono piene di elementi ornamentali (fiori, foglie ecc.).
- ☐ I vestiti e gli oggetti sono molto preziosi.

2 • La Natività di Gesù

Autore: Giotto di Bondone
Data: 1303-1305
Tecnica: affresco
Dimensioni: 200x185 cm
Ubicazione: Cappella degli Scrovegni, Padova

1 **Osserva l'opera e parlane con i tuoi compagni.**

1 Conosci quest'opera?
2 L'hai mai vista dal vivo?
3 Secondo te, che cosa raffigura?
4 Ti piace? Perché?

2 **Completa il testo coniugando i verbi al presente.**

Quest'opera (*intitolarsi*) .... la *Natività di Gesù*, è un grande affresco che (*misurare*) .... 200x185 cm ed è parte di un ciclo di affreschi con le Storie di Gesù che (*trovarsi*) .... nella Cappella degli Scrovegni a Padova. L'autore, Giotto di Bondone lo (*realizzare*) .... fra il 1303 e il 1305 su commissione di Enrico Scrovegni, un ricchissimo banchiere padovano che (*dedicare*) .... la bellissima cappella a Santa Maria della Carità[1].

[1] Carità: è l'amore verso Dio e verso tutti gli uomini.

3 **Riconosci alcuni dei personaggi? Chi e perché? Quali attributi iconografici li distinguono? Parlane ai tuoi compagni.**

Le parole dell'arte

Il **ciclo di affreschi** è un gruppo di affreschi che hanno in comune lo stesso argomento e lo stesso personaggio, in questo caso il protagonista è Gesù e perciò sono raccontati gli episodi più importanti della sua vita.

La **Cappella** degli Scrovegni è una piccola chiesa a una *navata*. Ci sono però cappelle che sono dentro le chiese lungo le navate e sono formate da un'*edicola* con un *altare*.

4 **Rispondi alle domande.**

1 Che cosa rappresenta questa scena? ....
2 A quale genere pittorico appartiene? ....
3 Quale funzione[1] aveva, secondo te, quest'opera? ....
4 Il soggetto viene da un libro religioso e profano? ....
5 Sai come si chiama questo libro che racconta la vita di Gesù? ....

[1] funzione: a che cosa serve, a quale scopo.

5 **Guarda bene l'immagine e scegli la parola giusta per completare la descrizione dell'affresco.**

Al lato/Al centro della composizione c'è la Madonna *distesa/seduta* su un letto che posa con delicatezza Gesù Bambino nella mangiatoia degli animali della povera capanna dove è appena nato. La capanna è raffigurata come una tettoia di legno, unica architettura in un paesaggio roccioso e arido. Una donna *a sinistra/a destra*, ritratta *di profilo/di spalle* aiuta la Madonna a deporre il Bambino. *Al lato/Davanti* alla mangiatoia ci sono il bue e l'asinello, vicino a loro *in basso/in alto* c'è San Giuseppe che dorme seduto per terra. *Vicino a/Lontano da* San Giuseppe ci sono delle pecore che riposano accovacciate *per/su* terra. Accanto alle pecore ci sono due pastori *a/in* piedi, *di spalle/di fronte* a noi che guardano *in alto/a destra* dove un angelo annuncia la nascita di Gesù. Altri quattro angeli volano *sopra/sotto* la capanna e dicono a tutti di pregare.

6 **Riporta sull'immagine della *Natività di Gesù* di p. 49 i nomi dei personaggi rappresentati.**

1 Madonna
2 San Giuseppe
3 Gesù Bambino
4 paesaggio
5 roccia
6 capanna
7 angeli
8 donna che aiuta
9 pastori
10 pecore
11 mangiatoia
12 bue
13 asinello

7 **Parliamone insieme.**

1 A quale festa cristiana è legata la *Natività di Gesù*?
2 Secondo te, l'iconografia di questa scena è simile a quella che in Italia si rappresenta nel presepe? Sai che cos'è il *presepe*?

Un po' di storia

In Italia a Natale c'è l'antichissima tradizione di fare in casa o nei luoghi pubblici il *presepe* che è la rappresentazione della nascita di Gesù. Questa rappresentazione si fa, solitamente, con piccole statuine, ma può essere anche *vivente*, cioè con adulti e bambini che interpretano i ruoli di Gesù, San Giuseppe ecc. per far rivivere quel sacro evento.

Presepe di Greccio.

Il primo presepe della storia è stato proprio un *presepe vivente* organizzato nella notte di Natale del 1223 da San Francesco a Greccio, un piccolo paese in provincia di Rieti nel centro Italia. Giotto, che nella Basilica superiore di Assisi ha dipinto un grande ciclo di affreschi con le *Storie di San Francesco*, ha raffigurato questo primo presepe vivente in una scena che, per l'appunto, si chiama il *Presepe di Greccio* fra il 1295 e il 1299. La scena è descritta con grande realismo ed è perciò anche un prezioso documento dell'epoca.

8 **Osserva ancora l'affresco della *Natività* e rispondi alle domande.**

1 Secondo te, Giotto vuole raccontare la storia o solo rappresentarla?
2 Le figure ti sembrano ritratte in modo realistico o sono stilizzate e ieratiche come quelle del Corteo di Teodora?
3 Ogni personaggio ha un'espressione diversa sul viso o sono tutti uguali?
4 Ti sembrano figure più divine o più umane?

9 **Leggi il testo e poi completa le frasi.**

La Natività di Gesù

Giotto interpreta l'antica iconografia della natività di Gesù (tratta dai Vangeli di Luca e Matteo) in modo originale perché cerca di raccontare più che rappresentare la storia. Le figure, sia quelle principali sia quelle secondarie, sono ritratte, infatti, in modo realistico e non stilizzato, i gesti, le espressioni dei volti e i movimenti sono spontanei; inoltre, la presenza di molti particolari come gli oggetti o le vesti tipiche dell'epoca rendono più suggestiva la narrazione. L'espressione serena e sognante di San Giuseppe che si riposa, ma soprattutto quella dolce e affettuosa della Madonna verso Gesù Bambino danno al racconto sacro un'atmosfera umana e reale, e non di solenne e immobile rappresentazione sacra.

1 Giotto è un pittore originale perché cerca di .... la storia della Natività di Gesù.
2 Giotto ritrae tutti i personaggi in modo ....
3 I gesti, le espressioni dei volti e i movimenti delle figure sono ....
4 Giotto rende molto suggestiva la narrazione della storia dipingendo molti ....
5 Le espressioni dei volti così reali danno al racconto sacro ....

E 7

10 **Osserva attentamente l'affresco, come è rappresentata la storia della nascita di Gesù? Quali sono le scelte stilistiche di Giotto?**

1 Le figure sono:
☐ **a** piatte, senza volume
☐ **b** solide, con volume

2 Il modellato (= la forma) dei corpi:
☐ **a** si vede
☐ **b** non si vede

3 Le figure:
☐ **a** si muovono in modo naturale
☐ **b** sono immobili, fisse

4 La Madonna e San Giuseppe sono:
☐ **a** più alti e maestosi
☐ **b** sono uguali agli altri personaggi

5 I volti:
☐ **a** sono espressivi
☐ **b** non sono espressivi

6 Nell'ambiente della scena:
☐ **a** c'è l'effetto spaziale
☐ **b** non c'è l'effetto spaziale

7 Le tonalità dei colori sono:
☐ **a** forti e vivaci
☐ **b** tenui e delicate

8 Il colore che ha maggiore risalto[1] è:
☐ **a** il marrone
☐ **b** l'azzurro

9 Queste scelte stilistiche danno alla scena un effetto:
☐ **a** cromatico
☐ **b** narrativo[2]

[1] avere risalto: significa che spicca sugli altri colori, che si vede di più.
[2] narrativo: viene dal verbo *narrare* e significa raccontare.

Le parole dell'arte

L'effetto narrativo è l'impressione di raccontare un fatto attraverso i gesti, i movimenti e le espressioni dei volti dei personaggi.
Il modellato è la forma di una figura data dall'effetto di volume creato da luce e ombra.
La prospettiva intuitiva è una prospettiva senza precise regole geometriche.

11 Diciamolo con le parole dell'arte... Leggi le seguenti frasi e scrivi di che cosa parlano usando le parole sottostanti.

spazio • modellato delle figure • espressività dei volti • cromatismo • movimento • volume

1 Le figure sono solide e maestose perché Giotto si è ispirato alle statue classiche e a quelle contemporanee di Giovanni Pisano[1]. volume
2 Si vedono le forme dei corpi sotto le vesti ampie. ....
3 La Madonna guarda con dolcezza Gesù, San Giuseppe è sereno, i pastori ascoltano con stupore l'annuncio dell'angelo. ....
4 I personaggi si muovono in modo naturale, i loro gesti sono spontanei. ....
5 L'ambiente della scena è reale perché grazie alla *prospettiva intuitiva*, c'è l'effetto della profondità dello spazio. ....
6 Le tonalità dei colori sono delicate e su tutte prevale il bellissimo azzurro del cielo e del manto della Madonna, simbolo di spiritualità e della ricerca del senso profondo dell'esistenza. ....

[1] Giovanni Pisano (Pisa, 1248 circa - Siena, 1315 circa) è stato un importante scultore e architetto che ha lavorato a Pisa, Siena, Perugia, Padova ecc. dove ancora oggi si possono ammirare i suoi capolavori.

A proposito della prospettiva...

Nell'arte medievale, in particolare in quella bizantina, lo spazio è rappresentato solo come uno sfondo piatto che circonda le figure, non c'è mai la rappresentazione della profondità. Con Giotto, invece, nasce nell'arte italiana l'idea di creare nella pittura l'illusione della profondità attraverso il disegno, ma Giotto non usa regole geometriche, perciò nelle sue opere l'illusione della profondità c'è, ma non è precisa (perché è *intuitiva*). È solo all'inizio del Quattrocento che il grande architetto fiorentino *Filippo Brunelleschi* elabora delle regole precise, di tipo geometrico-matematico, per la corretta rappresentazione dello spazio nella pittura; da questo momento in poi, la rappresentazione realistica dello spazio e della posizione delle figure e degli edifici nei dipinti diventa un elemento fondamentale della pittura italiana.

12 Che cosa pensi della *Natività di Gesù* di Giotto? Scrivi solo una frase.

....

13 Guarda gli altri affreschi della Cappella degli Scrovegni, scegline uno e descrivilo.

Galleria di immagini • La Cappella degli Scrovegni

1 Che cosa racconta la scena? ....
2 In che posizioni sono i personaggi e che cosa fanno? ....
3 Come sono le espressioni dei volti? (serene, tristi, addolorate, gioiose ecc.) ....
4 Che cosa c'è sullo sfondo? ....
5 Come sono i colori? Quale ha più risalto? ....

4 **14 Questione di stile! Ascolta e rispondi se è vero o falso. Poi rileggi il testo per controllare le tue risposte.**

		V	F
1	Giotto è considerato un pittore rivoluzionario perché dipinge seguendo delle regole stilistiche fisse.	☐	☐
2	Giotto rende più umane anche le figure sacre.	☐	☐
3	I volti dei personaggi sono tutti diversi ed espressivi.	☐	☐
4	Con la *prospettiva intuitiva* crea sfondi con paesaggi e architetture simbolici.	☐	☐
5	Con la pittura di Giotto nasce un nuovo senso di spiritualità nell'arte.	☐	☐

La rivoluzione di Giotto

Giotto è l'autore di numerose opere pittoriche, affreschi e dipinti su tavola, tra la seconda metà del Duecento e la prima del Trecento. La sua pittura è considerata rivoluzionaria perché Giotto introduce, per la prima volta, elementi di realismo dopo secoli di arte bizantina che rappresentava sempre e solo soggetti sacri seguendo delle regole stilistiche fisse.
Giotto, invece, rende più umane le figure, anche quelle sacre, perché dà volume ai corpi, ogni volto ha una sua fisionomia e un'espressività che riflette il momento psicologico che il personaggio sta vivendo nella scena. Inoltre, Giotto introduce lo spazio nella pittura attraverso la prospettiva intuitiva e, quindi, i paesaggi e le architetture degli sfondi non sono più solo simbolici ma realistici e gli spazi sono abitabili. Questa rivoluzione del linguaggio stilistico iniziata con Giotto e ripresa da altri artisti ci rivela la nascita di un nuovo e profondo senso di spiritualità.

E 8

15 **Confronta questi due dipinti, quale è di Giotto e perché?**

a *Madonna in maestà.*

b *Madonna in maestà.*

Le parole dell'arte

La **Madonna in Maestà** è uno dei soggetti iconografici più rappresentati nell'arte medievale. I dipinti con questo soggetto raffigurano la Madonna seduta su un trono con in braccio Gesù e circondata da angeli e santi.

16 **Indovina il titolo di queste opere di Giotto.**

1 È un dipinto che si trova agli Uffizi a Firenze, è seduta su un grande trono e ha Gesù Bambino in braccio. **Il titolo è** ....

2 Si trova nella chiesa di Santa Maria Novella a Firenze, raffigura Cristo morto in croce. **Il titolo è** ....

3 È un affresco della Cappella Bardi a Santa Croce a Firenze, racconta della morte di San Francesco. **Il titolo è** ....

Vuoi conoscere meglio Giotto?

Cercalo su internet e poi scrivi i tuoi appunti in *Biografie degli artisti: i miei appunti*, p. 104.

3 • Il Pagamento del tributo

1 **Osserva l'opera e parlane con i tuoi compagni.**

1 Conosci quest'opera?
2 L'hai mai vista dal vivo?
3 Secondo te che cosa raffigura?
4 Ti piace? Perché?

2 **Che cosa è rappresentato in questa scena? Fai delle ipotesi.**

....

3 **Completa la scheda dell'opera con titolo, autore ecc. e i dati mancanti.**

1 .... :
2 .... : Masaccio
3 .... : 1425 ca.
4 .... :
5 .... : 255x598 cm
6 .... :
7 .... : Cappella Brancacci, Chiesa di Santa Maria del Carmine, Firenze

4 **Leggi e rispondi alle domande.**

Galleria di immagini • La Cappella Brancacci

Il Pagamento del tributo

Il *Pagamento del tributo*[1] è un affresco realizzato nel 1425 circa da Masaccio per la Cappella Brancacci nella Chiesa di Santa Maria del Carmine a Firenze. Intorno al 1424, Felice Brancacci, un ricco mercante di seta, commissiona un grande ciclo di affreschi con le *Storie di San Pietro,* il protettore della sua famiglia, a Masolino da Panicale, un noto artista di Firenze. Dopo un po' di tempo, però, Masolino parte per l'Ungheria e allora Masaccio, il suo giovane aiutante, continua a lavorare da solo agli affreschi fino al 1428, anno in cui parte per Roma lasciandoli incompiuti. Nel 1436 il committente, Felice Brancacci, è esiliato dalla città, perciò i lavori degli affreschi si interrompono fino al 1480 quando Filippino Lippi, altro artista fiorentino, riesce finalmente a completarli.

[1] tributo: tassa.

1 Dove si trova la Cappella Brancacci? ....
2 Chi ha commissionato gli affreschi? ....
3 Quando? ....
4 Quale era il tema degli affreschi e perché? ....
5 L'opera aveva una destinazione pubblica o privata? ....
6 Chi sono gli artisti che hanno lavorato a questi affreschi? ....
7 Di dove erano tutti gli artisti che hanno lavorato agli affreschi della cappella? ....

5 **Che cosa racconta questo affresco? Osserva attentamente la scena e descrivi *chi vedi* e *che cosa fa.***

A destra ci sono due uomini, l'uomo con il mantello giallo...
Al centro ....
A sinistra ....

6 **Il racconto è diviso in tre episodi, tutti rappresentati nella stessa scena. Dove si trovano gli episodi? Rispondi con le parole sottostanti.**

al centro • a destra • a sinistra

1 Pietro è in ginocchio vicino alla riva del lago, ha pescato il pesce nella cui bocca trova, per miracolo, la moneta. ....
2 Pietro va a pagare il tributo, mette i soldi nella mano del gabelliere[1]. ....
3 Gesù è circondato dai suoi apostoli[2], davanti a lui il gabelliere allunga la mano sinistra aperta per chiedere i soldi: se vogliono entrare nel tempio, che indica con la mano destra, devono pagare un tributo. Gesù dice allora a Pietro di andare al lago a pescare un pesce che avrà in bocca una moneta con cui poi pagherà il tributo. ....

[1] gabelliere: esattore delle tasse.
[2] apostoli: seguaci, discepoli di Gesù.

7 **Rileggi la descrizione degli episodi e metti in ordine la storia. Da quale episodio comincia la storia?**

☐ al centro ☐ a destra ☐ a sinistra

8 **Descrivi lo sfondo e l'ambientazione della scena con parole tue.**

....
....
....

9 **Chi è? Scrivi i nomi vicino alla descrizione dei personaggi.**

1 Indossano vesti lunghe e ampi mantelli, in testa hanno le aureole. ....
2 Ha una veste rossa corta e corti capelli castani, non ha la barba. ....
3 Ha barba e capelli bianchi, una veste grigio-azzurra con sopra un mantello giallo. ....
4 Ha una lunga veste con sopra un mantello azzurro, barba e capelli castani. ....

10 **Osserva i personaggi e rispondi.**

1 Quali sono i personaggi principali (o maggiori)? ....

2 Quali sono i personaggi secondari (o minori)? ....

11 **Leggi e poi rispondi se è vero o falso.**

Il Pagamento del tributo

Il *Pagamento del tributo* è il racconto di un miracolo di Gesù: per entrare nel tempio di Cafarnao, un gabelliere chiede a Gesù e ai suoi apostoli di pagare il tributo. Gesù non ha i soldi, e allora fa trovare al suo apostolo Pietro una moneta d'argento in bocca a un pesce.
Masaccio racconta il miracolo in un'unica scena e per questo lo raffigura in tre episodi che sembrano svolgersi contemporaneamente, ma che invece si riferiscono a tre momenti diversi del racconto: il gabelliere che chiede i soldi e Gesù che parla a Pietro (al centro), Pietro che trova i soldi nella bocca del pesce, come gli aveva detto Gesù (a sinistra), Pietro che paga il tributo al gabelliere (a destra).
I tre episodi, inoltre, non si susseguono in modo ordinato: al centro della scena, infatti, non è rappresentato il miracolo, cioè il ritrovamento della moneta, il momento più importante del racconto e secondo episodio in ordine di tempo, ma c'è Gesù con gli apostoli e il gabelliere. Questi è di spalle all'osservatore, con il braccio destro indica l'ingresso del tempio ed è raffigurato con il viso in ombra e di profilo come di solito si raffiguravano le figure negative come il diavolo.
Gesù si volta verso Pietro e gli dice, con un gesto eloquente, di andare al lago. Pietro sembra sorpreso dalle parole di Gesù, le sue sopracciglia sono aggrottate, e indica anche lui il lago come per chiedere conferma di quanto ha sentito.
Il gesto di Pietro indirizza anche lo sguardo dell'osservatore all'episodio successivo, quello del miracolo, così come il gesto del gabelliere indirizza all'ultimo episodio: pagare per entrare nel tempio.
Il miracolo è, dunque, in una posizione secondaria perché Masaccio vuole evidenziare il significato principale del racconto che non è il miracolo, ma la fede di Pietro in Gesù: Pietro esegue l'ordine di Gesù anche se ne è sorpreso.

		V	F
1	Il racconto è diviso in tre episodi rappresentati contemporaneamente?	☐	☐
2	Gli episodi seguono una successione temporale ordinata?	☐	☐
3	Il gabelliere è rappresentato come un personaggio negativo?	☐	☐
4	I personaggi e gli episodi sono in relazione fra loro attraverso i gesti e gli sguardi?	☐	☐
5	I gesti dei personaggi aiutano l'osservatore a capire il racconto?	☐	☐
6	Il messaggio dell'opera è che Gesù è capace di fare miracoli incredibili?	☐	☐

12 **Osserva lo stile dell'affresco e scegli la risposta giusta.**

E 9-11

1 Il paesaggio della scena è:
- ☐ **a** realistico
- ☐ **b** fantastico

2 L'effetto della profondità dello spazio:
- ☐ **a** non c'è
- ☐ **b** c'è

3 Le figure:
- ☐ **a** hanno volume
- ☐ **b** sono piatte

4 La fisionomia dei volti:
- ☐ **a** è caratterizzata
- ☐ **b** è simile

5 Le figure:
- ☐ **a** sono espressive
- ☐ **b** non sono espressive (= inespressive)

6 I gesti e gli sguardi rivelano:
- ☐ **a** i sentimenti
- ☐ **b** i volti dei personaggi

7 La stesura del colore è:
- ☐ **a** piatta
- ☐ **b** con lumeggiature

5

13 **Questione di stile! Ascolta e completa le seguenti frasi. Poi rileggi il testo per controllare le tue risposte.**

1 La scena dell'affresco è costruita sull'osservazione della ....
2 Gli edifici a destra sono copia dell'architettura del ....
3 C'è una perfetta rappresentazione dello .... attraverso la prospettiva.
4 Cristo è il .... della scena che unifica lo spazio intorno a lui.
5 Le figure dei personaggi sono realistiche nella posa e nella .... dei volti.
6 Ogni figura ha una forma .... ben definita ottenuta con il chiaroscuro.
7 Dall'arte medievale Masaccio riprende solo l'espediente ....

Masaccio e l'inizio del Rinascimento

Masaccio è considerato uno degli artisti che ha iniziato l'arte del Rinascimento e nell'affresco il *Pagamento del tributo* si capisce bene il perché. Per cominciare vediamo che la scena dell'affresco è costruita sull'osservazione della natura, perciò il paesaggio è realistico come pure gli edifici a destra che sono copia dell'architettura del tempo; inoltre, c'è una perfetta rappresentazione dello spazio attraverso la prospettiva. Cristo è al centro dell'affresco, al centro del gruppo di apostoli, è il centro spirituale della scena ed è anche il centro della costruzione prospettica: è il fulcro della scena che unifica lo spazio intorno a lui. Le figure dei personaggi sono realistiche nella posa e nella fisionomia dei volti, fortemente caratterizzati, e hanno sguardi e gesti molto espressivi. Ogni figura ha una forma plastica ben definita ottenuta con il chiaroscuro. Masaccio, infatti, componeva le figure con rapidità e precisione tramite l'accostamento di luce e colore per dare loro una plasticità tale da farle sembrare monumentali statue dipinte. La pittura di Masaccio è dunque completamente diversa dall'arte precedente; dall'arte medievale riprende, infatti, solo l'espediente narrativo[1] di raccontare più episodi contemporaneamente nella stessa scena.

[1] espediente narrativo: un *modo*, una soluzione per raccontare una storia.

Le parole dell'arte

La lumeggiatura è una tecnica della pittura e del disegno che consiste nello schiarire un colore dove è colpito dalla luce, quindi è un modo per dipingere la luce. Con le lumeggiature si crea un effetto di rilievo tridimensionale dell'immagine, di volume.

Il fulcro è il centro dove si uniscono tutte le linee geometriche che formano la prospettiva.

14 **Nel *Pagamento del tributo* che cosa è tipico dell'arte medievale e che cosa dell'arte rinascimentale? Rileggi il testo e poi completa con le parole sottostanti.**

prospettiva • realismo • plasticità delle figure • effetto spaziale • espediente narrativo • chiaroscuro • contemporaneità degli episodi

Arte medievale	Arte rinascimentale
....	....
....	....
....	....
....	....
....	....
....	....

15 Diciamolo con le parole dell'arte... Scegli la parola giusta.

1 Masaccio osserva attentamente la natura perciò il paesaggio, l'architettura e i personaggi della scena sono *plastici/realistici*.

2 Gesù è il centro spirituale della scena, ma è anche il centro geometrico perché è il fulcro della *prospettiva/lumeggiatura* che unifica lo spazio.

3 *L'espressività/La plasticità* degli sguardi e dei gesti dei personaggi comunica i sentimenti e le intenzioni dei personaggi.

4 Le figure hanno *un/una forte chioscuro/plasticità* perciò sembrano monumentali statue dipinte.

5 Masaccio crea figure plastiche mediante il *realismo/chiaroscuro* e la *lumeggiatura/prospettiva*.

16 Che cosa pensi dell'opera di Masaccio? Scrivi solo una frase.

....

La prospettiva centrale

Nel 1416 Filippo Brunelleschi inventa la *prospettiva centrale*, un metodo di rappresentazione per creare un mondo illusionisticamente reale nelle scene di pittura e scultura (nei bassorilievi).

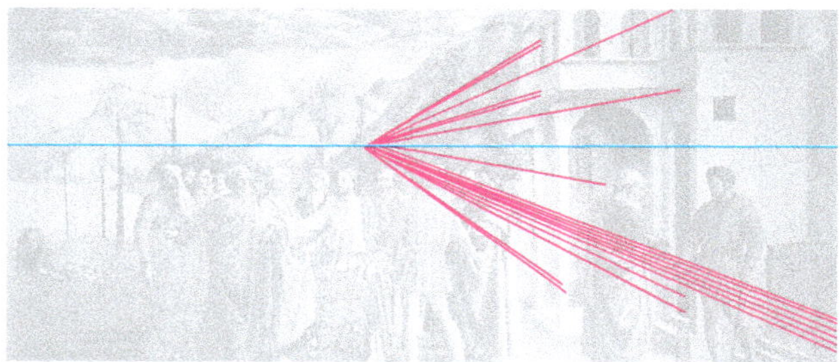

Masaccio, *Pagamento del tributo,* 1425.

Nella prospettiva centrale c'è un unico centro, il fulcro (o *punto di fuga*) dove si incontrano tutte le linee geometriche su cui sono raffigurati, in proporzione, le figure degli edifici, dei personaggi ecc. creando così un effetto di spazio tridimensionale. Con questo nuovo metodo di rappresentare lo spazio Brunelleschi ha contribuito a rivoluzionare l'arte del primo Quattrocento influenzando molti giovani artisti fiorentini tra cui Masaccio e Donatello, i primi ad applicare nelle loro opere la prospettiva centrale e anche per questo considerati, insieme a Brunelleschi, i padri del Rinascimento fiorentino.

17 Osserva quest'altra scena degli affreschi della Cappella Brancacci e indica un particolare per ognuno dei seguenti elementi dello stile di Masaccio.

Per esempio: Il realismo della scena si può notare nell'ombra di San Pietro.

1 La plasticità delle figure si può notare ....

2 Il volume delle figure si può notare ....

3 La profondità dello spazio si può notare ....

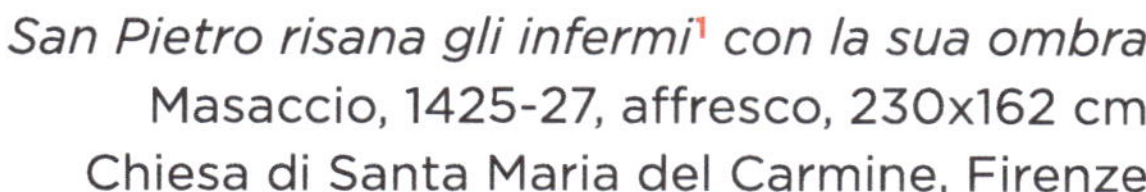

San Pietro risana gli infermi[1] *con la sua ombra*,
Masaccio, 1425-27, affresco, 230x162 cm,
Chiesa di Santa Maria del Carmine, Firenze.

[1] risana gli infermi: guarisce i malati, gli invalidi. Il Vangelo racconta, infatti, che a Gerusalemme i malati guarivano non appena l'ombra di Pietro li toccava.

4 Il chiaroscuro si può notare ....
5 La caratterizzazione e l'espressività dei volti si può notare ....
7 La lumeggiatura si può notare ....

6

18 Il personaggio misterioso... l'apostolo Pietro. Prova a rispondere alle domande, poi ascolta il testo per saperne di più.

I protagonisti del *Pagamento del tributo* sono Gesù e l'apostolo Pietro. Che cosa sai di quest'ultimo? Sai qual era il suo vero nome? Che lavoro faceva prima di incontrare Gesù e di dov'era? Ma, soprattutto, sai perché è importante nella religione cattolica?

....
....
....

19 Indovina il titolo di queste tre opere di Masaccio.

1 Nel dipinto c'è la Madonna in trono col Bambino e alle sue spalle Sant'Anna.
Il titolo è ....
2 È un dipinto di forma rotonda, che oggi si trova a Berlino, dove è raffigurata la nascita di un bambino. **Il titolo è** ....
3 È un famoso affresco che si trova a Firenze nella Chiesa di Santa Maria Novella, vi sono raffigurati Dio Padre, Gesù e lo Spirito Santo. **Il titolo è** ....

20 Quali sculture di altri artisti fiorentini contemporanei sono simili alle figure di Masaccio? Cerca su internet le immagini delle sculture di Donatello, Ghiberti, Nanni di Banco e Michelozzo, e confrontale con i personaggi del *Pagamento del tributo*. In che cosa sono simili?

Galleria di immagini • La scultura fiorentina del primo Quattrocento

....
....
....
....
....
....
....

Vuoi conoscere meglio Masaccio?

Cercalo su internet e poi scrivi i tuoi appunti in *Biografie degli artisti: i miei appunti*, p. 104.

4 • La Primavera

1 **Osserva l'opera e parlane con i tuoi compagni.**

1 Conosci quest'opera?
2 L'hai mai vista dal vivo?
3 Ti piace? Perché?

2 **Nella scheda con i dati dell'opera c'è un errore! Leggi il seguente testo e trovalo.**

Scheda dell'opera
Autore: Sandro Botticelli
Data: 1482 circa
Tecnica: tempera su tavola
Dimensioni: 203x314 cm
Ubicazione: Villa di Castello, Firenze

" Sandro Botticelli ha eseguito questo dipinto su committenza di Lorenzo di Pierfrancesco de' Medici, cugino più giovane del famoso Lorenzo de' Medici, Signore di Firenze. Il grande quadro di 203x314 cm è stato realizzato a tempera su tavola intorno al 1482 ed era esposto insieme alla famosissima *Nascita di Venere* nella villa medicea[1] di Castello, vicino Firenze; oggi le due opere sono esposte nella stessa sala della Galleria degli Uffizi a Firenze. "

[1] medicea: dei Medici.

L'errore è ....

3 **Che cosa significa questa scena? Chi sono i personaggi? Fai delle ipotesi.**

....

....

....

4 **Leggi la descrizione e identifica i personaggi del quadro scrivendo il nome sotto le immagini.**

“ **Venere**, dea dell'amore e della bellezza, è nel suo incantevole giardino fra alberi di arance, cespugli di mirto, una grande varietà di piante e bellissimi fiori. La dea, che indossa una veste bianca e un manto rosso, è, insieme alle **tre Grazie**, simbolo di splendore, gioia e prosperità, che danzano con eleganza in circolo, vestite solo di veli trasparenti.
Nel giardino ci sono anche **Cupìdo**, che vola bendato e tira frecce che fanno innamorare le persone colpite; **Mercurio**, il messaggero[1] degli dei, raffigurato perciò con le ali ai piedi mentre allontana le nuvole con il suo caduceo[2]; e **Zèfiro**, il vento di primavera, che rapisce la ninfa[3] **Clori**. La ninfa cerca di sfuggirgli, ma intanto dalla sua bocca escono fiori perché, dopo il suo rapimento, Clori si trasforma in **Flora**, la primavera, che quando arriva fa fiorire i fiori, e porta nuova vita nella natura. ”

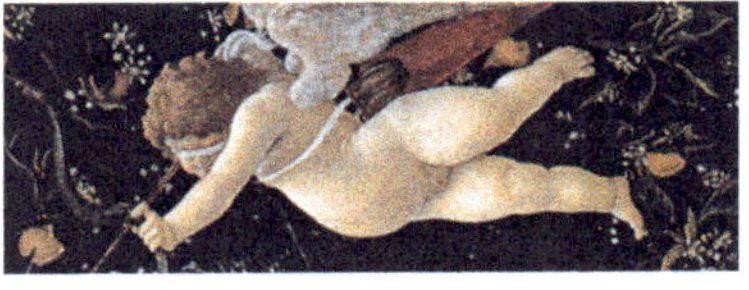

a ....

b ....

c ....

d ....

e ....

f ....

[1] messaggero: chi porta i messaggi.
[2] caduceo: un bastone magico con due serpenti attorcigliati.
[3] ninfa: è una fanciulla, cioè una giovane donna, divinità della natura.

5 **Guarda il quadro, scegli la posizione giusta dei personaggi e completa le frasi con i verbi sottostanti.**

rapire • guardare • sfuggire • danzare • tirare • allontanere • spargere

1 **Zèfiro** è il primo personaggio *in alto/basso a sinistra/destra*, che rapisce la ninfa Clori.
2 **Clori** è *sotto/sopra* Zèfiro e cerca di ....
3 **Flora** è *davanti/dietro* a Clori, *a/in* primo piano, ... i fiori a terra.
4 **Venere** è *al/in* centro del dipinto, *a/in* piedi e .... le tre Grazie.
5 **Cupìdo** vola *sopra/sotto* Venere e .... le frecce.
6 Le **tre Grazie**, sono a *destra/sinistra* di Venere e .... con eleganza.
7 **Mercurio** è *accanto/distante* alle Grazie, *di/da* spalle a loro, e .... le nuvole con il caduceo.

6 **Come si riconoscono i personaggi? Collega i personaggi, nella prima colonna, agli attributi iconografici corrispondenti.**

1 Zèfiro	☐	a	è vestita di fiori e sparge fiori dappertutto
2 Clori	☐	b	è un bambino che vola bendato e tira le frecce che fanno innamorare uomini e dei
3 Flora	☐	c	ha i calzari con le ali e il caduceo
4 Venere	☐	d	è di colore azzurro, vola e soffia; arriva insieme alla Primavera
5 Cupìdo	☐	e	alle spalle ha un grande cespuglio di mirto[1], vicino c'è suo figlio Cupìdo
6 le tre Grazie	☐	f	è una bellissima fanciulla, divinità della natura
7 Mercurio	☐	g	sono sempre tutte e tre insieme, giovani e belle

[1] mirto: è una pianta sempreverde come l'amore e perciò simboleggia Venere.

7 **Leggi il testo e rispondi se è vero o falso.**

La Primavera

La scena di questo quadro ha da sempre affascinato gli studiosi che, a volte, hanno dato interpretazioni del suo significato molto diverse tra loro. Oggi la lettura più convincente parte dal fatto che il dipinto è stato commissionato in occasione delle nozze di Lorenzo de' Medici con Semiramide Appiani e che quindi è, molto probabilmente, un'allegoria del matrimonio. All'augurio di un matrimonio prolifico allude proprio il fatto che vi è raffigurata la Primavera, stagione in cui la natura esprime al massimo i suoi poteri di fertilità, e poi anche alcuni fiori che sono nella scena: i *fiori d'arancio*, ancora oggi simbolo della felicità matrimoniale, i *fiordalisi* e i *nontiscordardimé* simbolo della donna amata.
La scena si svolge nell'idilliaco giardino di Venere, dea dell'amore universale, cioè di tutti i tipi di amore, ma che nel pensiero rinascimentale diventa anche simbolo di *humanitas*, l'umanità che permette all'uomo di superare gli istinti per cercare la spiritualità. Ed è proprio Venere-*humanitas*, fulcro della scena e del suo significato, la vera protagonista del quadro.
A destra, infatti, Zèfiro, il vento di primavera, insegue la ninfa Clori e la feconda con il suo soffio; Clori allora si trasforma in Flora, la dea della primavera che sparge fiori sul mondo riportando così la vita. L'amore istintivo e vitale di Zèfiro per Clori si trasforma però, grazie a Venere-*humanitas* e a Cupìdo (simbolo dell'amore), in qualcosa di più perfetto: in un amore spirituale che rende l'uomo migliore e lo avvicina a Dio.
Nella parte sinistra del quadro si passa, infatti, alla celebrazione dell'amore spirituale, rappresentato dalle tre Grazie (in questa scena simbolo dell'armonia della spiritualità), e della razionalità, rappresentata da Mercurio (simbolo della ragione), che con il suo caduceo allontana definitivamente le nuvole dell'istintività e dell'irrazionalità.
Botticelli ha, dunque, tradotto in immagine una raffinata e complessa idea dell'amore nata nel Rinascimento, usando personaggi della cultura classica, ai quali ha dato, però, un nuovo significato simbolico per poter esprimere il pensiero della cultura del suo tempo nella sua città.

	V	F
1 Il quadro aveva una destinazione pubblica perché era esposto nella villa di Castello.	☐	☐
2 Il soggetto di questo quadro è mitologico, ma nasconde un significato allegorico.	☐	☐
3 È un'allegoria dell'amore che da istintivo e irrazionale diventa spirituale e razionale se gli uomini hanno l'*humanitas*.	☐	☐
4 Il messaggio di questo quadro riflette il pensiero dell'uomo del Rinascimento.	☐	☐
5 Il significato del quadro è che l'amore deve essere solo spirituale.	☐	☐

8 **Per capire meglio... Osserva attentamente i personaggi e scegli la risposta.**

Cominciamo la lettura del quadro da destra:

1 In questo particolare del quadro succede che:
- ☐ **a** Zèfiro cerca di rapire la ninfa Clori, ma lei scappa e chiede aiuto a Flora
- ☐ **b** Zèfiro rapisce la ninfa Clori, la feconda e lei si trasforma in Flora

2 Venere e Cupìdo:
- ☐ **a** sono simbolo dell'amore della bellezza
- ☐ **b** sono simbolo dell'*Humanitas* che trasforma l'amore istintivo in amore spirituale

3 Le Grazie e Mercurio alludono:
- ☐ **a** alla bellezza e alla forza dell'uomo rinascimentale
- ☐ **b** alla spiritualità e alla ragione dell'uomo

Il genere mitologico allegorico

Questo genere di pittura, derivato dallo studio delle opere dell'arte greco-romana, ha avuto un grande successo nel Rinascimento. Gli antichi soggetti mitologici piacevano molto nel Quattrocento perché rievocavano un mondo idilliaco lontano dalla realtà e perciò perfetto. Gli artisti del Rinascimento cercavano di farlo rivivere nelle loro opere, proponendo oltre ai soggetti anche la bellezza classica, una bellezza ideale e assoluta basata sull'armonia delle proporzioni e dell'estetica.
Al significato originario degli antichi soggetti mitologici, però, nel Quattrocento si aggiungono altri significati in linea con la cultura contemporanea e con la religione cristiana. Per questo motivo i quadri rinascimentali nascondono quasi sempre complessi significati allegorici di difficile lettura per noi oggi.
Botticelli è stato l'interprete più raffinato di questo tipo di pittura che unisce l'idea classica del bello ideale con soggetti mitologici usati per esprimere in modo allegorico il nuovo pensiero rinascimentale.

9 **Osserva ancora la *Primavera*. Secondo te, che cosa è *ideale* e che cosa *reale*? Completa la tabella con le parole sottostanti.**

ambientazione della scena • soggetto • personaggi • effetto spaziale • bellezza delle figure • natura: piante e fiori

Ideale ....

....

Reale ....

....

7 **10** **Questione di stile! Ascolta e rispondi alle domande. Poi leggi il testo per controllare le tue risposte.**

1 Che cosa domina nella scena di questo quadro? ....
2 Che tipo di ambiente è il giardino di Venere rappresentato nel quadro? ....
3 La scena racconta una storia di cui fanno parte tutti i personaggi? ....
4 Com'è la composizione? ....
5 Le figure hanno consistenza plastica? I corpi hanno forme concrete? ....
6 Botticelli crea le figure attraverso il disegno o i colori? ....
7 Com'è l'effetto spaziale? ....
8 Per accentuare la bellezza ideale delle figure che tipo di colori usa? ....

L'eleganza nello stile di Botticelli

Come in altre sue opere di questo periodo della sua vita artistica, Botticelli dipinge un soggetto mitologico che nasconde un messaggio allegorico in una scena dove domina la bellezza ideale e l'armonia. In un ambiente idilliaco, il giardino di Venere, è, infatti, rappresentata un'idea dell'amore secondo il pensiero rinascimentale fiorentino. Nella scena non c'è un racconto, i personaggi non sono in relazione tra di loro mediante i gesti e gli sguardi, ma al contrario, ognuno sembra ignorare la presenza degli altri e quello che gli altri fanno. La composizione delle figure è bilanciata (un gruppo a destra, uno a sinistra, Venere e Cupìdo al centro), le figure sono tutte belle, hanno pose eleganti e gesti aggraziati, ma non hanno consistenza plastica, le forme dei corpi non sono concrete. Queste forme perfette sono create con il disegno, un disegno molto accurato che descrive nei dettagli i corpi, i vestiti, le piante, i fiori, i movimenti e le pose che non sono naturali, ma studiatissimi. Sullo sfondo scuro ci sono alberi e cespugli che sembrano il fondale di un palcoscenico perché l'effetto spaziale è molto semplificato, quasi piatto; in contrasto con i colori scuri dello sfondo, i colori delle figure sono molto chiari e dai toni freddi, cosa questa che accentua la loro bellezza ideale e crea l'effetto di trasparenza dei veli. Tocchi qua e là di colori più accesi ravvivano la scena e ne accentuano il ricco effetto cromatico dato dagli innumerevoli dettagli.

E 15

11 **Sottolinea nel seguente testo le parole che ti sembrano più importanti per descrivere lo stile di Botticelli e poi prova a spiegare con parole tue che cosa significano queste frasi.**

In quest'opera Botticelli crea una vera poesia di immagini attraverso l'armonia del disegno e, più propriamente, della linea di contorno, che fluida e precisa crea figure eleganti di una grazia sofisticata, dai volti di grande bellezza ideale. Le forme sono tutte in armonia ed equilibrio fra loro, attraversate dal ritmo musicale delle linee del disegno.

....

....

....

12 **Che cosa pensi di quest'opera? Scrivi una frase.**

....

13 **Dai un altro titolo e un'altra interpretazione alla *Primavera*. Secondo te, chi sono i personaggi raffigurati e che cosa significa questa scena?**

....

....

....

14 **Indovina il titolo di queste tre opere di Botticelli.**

1 Protagonista è ancora una volta la bella Venere, questa volta insieme al dio Marte e a dei piccoli fauni. **Il titolo è** ....

2 Botticelli lo ha dipinto per il monastero di Castello nel 1489-1490 circa, ma oggi si trova agli Uffizi; nel quadro è raffigurato l'Arcangelo che incontra la Madonna per farle un annuncio importante. **Il titolo è** ....

3 È un quadro allegorico ambientato in una sala riccamente decorata. Davanti ad un re, una donna trascina per i capelli un uomo seminudo. Ci sono tanti altri personaggi, tra cui a sinistra una donna vestita di nero e un'altra nuda. **Il titolo è** ....

Un po' di storia...

Agli inizi del Quattrocento la potente famiglia Medici che governava Firenze ha favorito la nascita della cultura e dell'arte rinascimentale sostenendo gran parte delle attività artistiche e culturali del periodo. I Medici, infatti, soprattutto Cosimo il Vecchio (1389-1464) e suo nipote Lorenzo il Magnifico (1449-1492), sono stati grandi mecenati dell'arte commissionando moltissime opere d'arte e collezionandole insieme a opere d'arte antica. I Medici, inoltre, hanno sostenuto il movimento culturale degli intellettuali fiorentini chiamato *Umanesimo*, che si basava sulla riscoperta della letteratura latina e greca, (le *humanae litterae*) da cui è stato ripreso soprattutto il concetto di *humanitas*, cioè dell'*umanità* degli uomini che li rende capaci di superare gli istinti per elevarsi verso sentimenti più spirituali. Il concetto di *humanitas* è alla base di quella riscoperta dell'uomo che è avvenuta nel Rinascimento e che ha messo l'uomo al centro della conoscenza sottolineandone le capacità creative e intellettuali.

15 **Confronta la *Primavera* con la *Nascita di Venere*. In che cosa sono simili questi due quadri? Parlane con i tuoi compagni.**

Vuoi conoscere meglio Botticelli?

Cercalo su internet e poi scrivi i tuoi appunti in
***Biografie degli artisti: i miei appunti*, p. 105.**

5 • La Gioconda

Autore: Leonardo da Vinci
Data: 1503-1515
Tecnica: olio su tavola
Dimensioni: 77x53 cm
Ubicazione: Museo del Louvre, Parigi

1 **Osserva questo quadro e parlane con i tuoi compagni.**

1 Che cosa sai di questo quadro?
2 Perché è in Francia?
3 Lo hai mai visto dal vivo?
4 Sai che nel 1911 lo hanno rubato?
5 Ti piace? Perché?

2 **Completa il testo con le parole sottostanti.**

marito • titolo • da • il (x 2) • misure • a olio • tavola • ritratto • si trova (è esposto) • commissionare

La *Gioconda* è il .... di un .... dipinto .... Leonardo da Vinci tra .... 1503 e .... 1515 con la tecnica della pittura .... su .... di pioppo; le sue .... sono 77x53 cm e oggi .... nel Museo del Louvre a Parigi. A .... il quadro è stato, forse, Francesco del Giocondo, ... di Monna Lisa, la donna del ritratto.

3 **Che cosa pensi di questo ritratto? Perché ha così tanto successo? Perché è considerato misterioso? Fai delle ipotesi.**

....

....

4 **Descrivi brevemente il quadro con parole tue.**

....

....

....

....

....

5 **Leggi il seguente testo e rispondi se è vero o falso.**

La Gioconda

La *Gioconda* è famosa per il suo fascino misterioso che va ben oltre la bellezza della donna ritratta. Per cominciare, è misteriosa la storia di questo ritratto perché Leonardo non se ne è mai separato fino alla sua morte, quindi, non lo ha mai consegnato al committente, Francesco del Giocondo. Sono state fatte molte ipotesi sui motivi che hanno legato così tanto Leonardo a questo quadro, ma non c'è nessuna certezza. Di sicuro quello della Gioconda rimane un ritratto molto originale perché a differenza degli altri ritratti dell'epoca, che hanno lo scopo di immortalare un momento della vita di una persona più o meno importante, quello di Monna Lisa è un ritratto vivo. La posa molto naturale, lo sguardo e il sorriso riflettono infatti l'anima della donna, le sue emozioni più profonde e inaccessibili, il suo mistero di essere umano.
Anche il paesaggio dipinto alle spalle della Gioconda (un paesaggio immaginario o forse uno scorcio della campagna toscana o lombarda, entrambe molto familiari a Leonardo) ha qualcosa di vivo, mutevole, misterioso. Una foschia azzurrina, infatti, lo avvolge, ne rende i contorni indefiniti e li fonde con quelli della figura di Monna Lisa rendendola di fatto parte integrante della natura e dei misteri della natura. Monna Lisa però non ne è angosciata, ma sorride serena perché sa di poter conoscere questi misteri e dominarli. Il lieve sorriso sulle labbra di Monna Lisa esprime, infatti, non la gioia, ma la consapevolezza degli uomini del Rinascimento di essere finalmente capaci di conoscere il mondo dove vivono.

		V	F
1	Francesco del Giocondo ha ricevuto il quadro dopo molti anni?	☐	☐
2	Leonardo ha amato particolarmente questo ritratto?	☐	☐
3	Il ritratto è per immortalare Monna Lisa da giovane?	☐	☐
4	Monna Lisa fa parte della natura del paesaggio?	☐	☐
5	Monna Lisa e il suo sorriso rappresentano l'uomo del Rinascimento?	☐	☐

E 16

6 **Diciamolo in un altro modo. Abbina le frasi della prima colonna a quelle corrispondenti nella seconda colonna.**

1	immortalare un momento della vita	☐	a	contorni non netti, non precisi
2	emozioni inaccessibili	☐	b	di fantasia, dell'immaginazione
3	paesaggio immaginario	☐	c	fermare un momento della vita
4	mutevole	☐	d	nebbiolina dai toni di colore sull'azzurro
5	foschia azzurrina	☐	e	parte essenziale
6	contorni indefiniti	☐	f	emozioni che di solito non si possono conoscere
7	parte integrante	☐	g	che cambia

7 **Sei d'accordo con questa interpretazione del significato della *Gioconda*? Ne conosci altre? Secondo te, qual è il mistero di questo quadro? Parliamone insieme.**

8 **Osserva attentamente il viso della Gioconda e scegli gli aggettivi, secondo te, più adatti a descriverlo.**

dolci • duri • tesi • delicati • marcati • perfetti

I lineamenti del viso sono: ....

appena accennato • malinconico • sfuggente • ironico • sensuale • triste • allegro • tirato • freddo • smagliante • lieve • aperto • amaro

Il sorriso è: ....

Il ritratto

Il ritratto è un genere artistico molto antico e molto diffuso nell'arte, ma che ha avuto un grande successo nel Rinascimento. In questo periodo diventano molto popolari, infatti, sia i ritratti privati (dipinti o scolpiti o incisi su medaglie) sia i ritratti di personaggi famosi o di importanti committenti di grandi opere religiose. I ritratti del Rinascimento si distinguono da quelli delle altre epoche perché c'è una grande attenzione alla natura delle persone ritratte e quindi il pittore usa la sua abilità non solo per riprodurre le sembianze reali delle persone ritratte, ma anche per coglierne i principali tratti distintivi. Per questo motivo nel Rinascimento nei ritratti appare sempre un elemento simbolico (per esempio un animale come il cane, simbolo di fedeltà, che ci fa capire che quella persona è fedele) o idealizzato (come le pose e le espressioni del viso simili a quelle di famose statue classiche) che accentua il prestigio delle persone ritratte.

9 **Osserva lo stile del quadro della *Gioconda* e scegli la risposta giusta.**

1 Ogni colore ha:
- ☐ **a** una sola gradazione di colore
- ☐ **b** tante gradazioni di colore

2 I colori:
- ☐ **a** sono in contrasto tra loro
- ☐ **b** non sono in contrasto, ma si passa gradualmente da un colore all'altro

3 Il disegno di contorno delle figure è:
- ☐ **a** ben definito
- ☐ **b** indefinito

4 I lineamenti del viso della Gioconda sono:
- ☐ **a** morbidi
- ☐ **b** decisi

5 L'espressione del viso è:
- ☐ **a** fissa
- ☐ **b** mutevole

6 I colori del paesaggio:
- ☐ **a** sono nitidi
- ☐ **b** non sono nitidi

7 La gamma dei colori dello sfondo tende:
- ☐ **a** all'azzurro
- ☐ **b** al marrone

8 L'effetto spaziale fa sembrare lo sfondo più:
- ☐ **a** grande
- ☐ **b** piccolo

8

10 **Questione di stile! Ascolta e completa il testo con le parole che mancano.**

Lo sfumato di Leonardo

Il mistero della *Gioconda* in buona parte è dovuto alla particolare tecnica pittorica usata da Leonardo e da lui stesso inventata: *lo sfumato*.
Questa tecnica pittorica consiste nello .... i contorni delle figure e dei loro particolari attraverso un leggerissimo chiaroscuro. Il pittore stende uno sopra l'altro veli di diverse .... di colore, e in questo modo il passaggio dalla luce all'ombra, cioè il chiaroscuro, avviene gradatamente, in modo quasi .... Grazie allo sfumato, i lineamenti del viso di Monna Lisa hanno i contorni morbidi e ...., cosa che dona all'espressione del viso qualcosa di ...., che la fa sembrare leggermente diversa ogni volta che la guardiamo. Per questo motivo quello di Monna Lisa è un *ritratto vivo*. Il sorriso, la parte del ritratto più .... di tutte, è speciale non solo perché è ben fatto e dimostra le profonde conoscenze che Leonardo aveva dell'.................................... umana, ma perché lo sfumato gli dà quell'effetto misterioso e mutevole che affascina l'osservatore. Lo stesso si può dire del paesaggio, dove è sempre grazie allo sfumato che Leonardo riesce a esprimere la sua personale .... del mondo e a riportare, allo stesso tempo, le sue osservazioni scientifiche sulla distanza, sul tempo .... Nel dipingere un paesaggio visto da molto lontano, Leonardo usa, infatti, colori nitidi per le .... più vicine, colori meno nitidi, di gamma tendente all'azzurro, per le figure più lontane. Queste ultime poi, hanno contorni indefiniti avvolti in una .... azzurrina che le fonde tra loro e fa sembrare lo spazio più grande; perciò guardando lo sfondo del quadro sembra di essere davanti a uno spazio molto più .... di quello rappresentato. In effetti, Leonardo vuole mettere l'osservatore davanti alla .... del mondo avvolta dal mistero della natura, non davanti a un semplice paesaggio.

E 17-18

Le parole dell'arte

La sfumatura è la tonalità di un colore, ma può indicare, come nella pittura di Leonardo, anche il passaggio delicato da un colore all'altro.
La gradazione cromatica è l'accostamento di diverse tonalità di colore in successione, per esempio dal rosso più scuro fino a quello più chiaro.
Il velo di colore è uno strato di colore molto sottile.
Ritoccare significa lavorare su un'opera già finita per modificarla e perfezionarla.
La gamma cromatica è l'insieme di tutte le sfumature graduali di un colore, per esempio la *gamma del rosso* cioè tutte le sfumature (le tonalità) di quel colore.

11 **Rileggi il testo e riscrivi qui gli effetti dello sfumato nella *Gioconda*.**

Per esempio: i lineamenti del viso di Monna Lisa sono molto morbidi, ...
....
....
....
....
....
....

12 **Diciamolo con le parole dell'arte... Abbina le parole della prima colonna alla definizione corrispondente.**

1	ritratto dal vivo	☐	a	uno strato di colore molto sottile
2	gamma cromatica	☐	b	mettere vicine diverse tonalità di colore in successione, dalla più scura alla più chiara
3	ritocco	☐	c	sfumature graduali di un colore
4	sfumatura	☐	d	eseguito guardando la persona, non una foto ecc.
5	gradazione cromatica	☐	e	tonalità di un colore; passaggio delicato da un colore ad un altro
6	velo di colore	☐	f	modifica di qualcosa quando il lavoro è già finito

13 **Che cosa pensi di quest'opera? Scrivi solo una frase.**

....

14 **Il personaggio misterioso... Monna Lisa Gherardini. Cerca su internet notizie che la riguardano e poi parlane con i tuoi compagni.**

15 **Dai un'altra *identità* alla donna del ritratto e immagina la sua storia.**

16 **Scegli un altro ritratto di Leonardo e confrontalo con la *Gioconda*; ti sembra che anche in questo ritratto ci sia lo stesso mistero? Se sì, perché?**

....

....

....

....

17 **Indovina il titolo di queste tre opere di Leonardo.**

1 È un dipinto su tavola conservato agli Uffizi; nel quadro l'arcangelo Gabriele annuncia a Maria che diventerà madre di Gesù. **Il titolo è** ....

2 Ci sono due quadri di Leonardo con lo stesso soggetto, il primo è conservato nel Museo del Louvre. In questo quadro la Madonna è in uno strano paesaggio roccioso con altri tre personaggi. **Il titolo è** ....

3 È il ritratto di una bellissima ed elegantissima dama con in braccio un ermellino bianco. **Il titolo è** ....

Vuoi conoscere meglio Leonardo?

Cercalo su internet e poi scrivi i tuoi appunti in *Biografie degli artisti: i miei appunti*, p. 105.

6 • I bari

Autore: Michelangelo Merisi da Caravaggio
Data: 1594 circa
Tecnica: olio su tela
Dimensioni: 94x131 cm
Ubicazione: Kimbell Art Museum, Fort Worth, Texas, USA

1 **Osserva l'opera e parlane con i tuoi compagni.**

1 Conosci quest'opera?
2 L'hai mai vista dal vivo?
3 Con quale nome è famoso l'autore?
4 Ti piace? Perché?

2 **Che cosa è rappresentato in questa scena? Fai delle ipotesi.**

....

....

3 **Chi è? Completa le frasi con le parole seguenti.**

baro[1] • giocatore • uomini • complice

1 In piedi intorno ad un tavolo ci sono tre ....
2 A destra c'è un giovane .... con un elegante vestito di velluto scuro con decorazioni nere.
3 A sinistra, di spalle all'osservatore, c'è un giovane .... con un vestito variopinto[2] e un cappello con una lunga piuma in testa.
4 Al centro del quadro, fra i due giocatori, c'è il .... del baro, un uomo più anziano con il guanto usurato alle dita.

[1] baro: chi imbroglia al gioco per vincere.
[2] variopinto: di vari colori.

4 **Chi lo fa? Scegli per ciascun personaggio le azioni che compie.**

1 Il giovane giocatore ....
2 Il baro ....
3 Il complice ....

a gioca a carte/fa una partita a carte
b spia le carte
c prende di nascosto le carte
d fa un segno con la mano
e truffa/bara
f si concentra nel gioco
g rivela le carte
i sceglie la carta da giocare
l aspetta la mossa dell'avversario
m ha il vizio del gioco

5 **Osserva la scena del quadro e rispondi se è vero o falso.**

		V	F
1	La scena è ambientata all'aperto.	☐	☐
2	I personaggi indossano abiti d'epoca.	☐	☐
3	Tutti gli uomini giocano a carte.	☐	☐
4	Uno dei due giocatori bara al gioco con l'aiuto del complice.	☐	☐
5	Dai vestiti che indossa, il giovane giocatore a destra sembra ricco.	☐	☐
6	Dai vestiti che indossano, anche i due bari sembrano ricchi.	☐	☐
7	Il giovane baro è armato di pugnale, può essere pericoloso.	☐	☐
8	Il giovane ricco è molto concentrato a scegliere la carta da giocare.	☐	☐
9	Il complice anziano spia le carte del giovane e le rivela al complice.	☐	☐
10	Il complice anziano fa il segno del numero due con la mano.	☐	☐
11	Il baro prende di nascosto le carte da una tasca posteriore del vestito.	☐	☐
12	Il giovane giocatore si accorge dell'imbroglio.	☐	☐
13	La scena è realistica.	☐	☐

6 **Osserva attentamente nella scena i vestiti, i gesti e le espressioni del volto dei tre personaggi. Come sono? Segna quelli presenti nel quadro.**

1 Vestito
☐ variopinto
☐ scuro
☐ elegante
☐ alla moda
☐ vecchio

2 Gesto
☐ rilassato
☐ difensivo
☐ furtivo
☐ aggressivo
☐ sicuro
☐ riflessivo
☐ disperato

3 Espressione
☐ ingenua
☐ allegra
☐ furba
☐ assorta
☐ concentrata
☐ tesa
☐ sprovveduta
☐ sicura
☐ impaziente
☐ triste
☐ allarmata
☐ turbata
☐ preoccupata
☐ impaurita
☐ cattiva

7 **Leggi e rispondi alle domande.**

I bari

Caravaggio ha realizzato quest'opera per uno dei suoi più importanti committenti romani, il cardinale Francesco Maria Del Monte, grande appassionato e collezionista di opere d'arte. A Del Monte piaceva moltissimo la pittura di Caravaggio e, in particolare, questo quadro per il soggetto originale dipinto in un modo straordinariamente realistico e teatrale. Questa di Caravaggio, infatti, è una scena "viva" dove un giovane ricco e dall'espressione un po' ingenua gioca a carte con un altro giovane; il giovane ricco è concentrato nello scegliere la carta da giocare e non si accorge che il giocatore suo avversario sta barando con l'aiuto di un complice. Il complice in piedi, infatti, gli

spia le carte e poi, *con fare furtivo*, fa un segno al giovane baro rivelandogli le carte che il giovane ricco ha in mano. Il baro allora, con *fare sicuro*, mentre aspetta la mossa dell'avversario, prende di nascosto da una tasca posteriore le carte giuste per vincere la partita.
La genialità di Caravaggio è nel fatto che riesce a cogliere l'attimo, cioè a ricreare così bene la tensione del momento tanto da far sembrare vivi i personaggi della scena. È straordinaria, infatti, la sua capacità di descrivere la psicologia dei personaggi attraverso i gesti, le espressioni dei volti e i particolari dei loro vestiti, come per esempio il guanto usurato del complice del baro che ci rivela molte cose di questo personaggio. Il realismo e la teatralità della scena inducono inevitabilmente l'osservatore a riflettere sulla pericolosità del vizio del gioco. ”

ATTENZIONE

- con fare sicuro → **con sicurezza**
- con fare furtivo → **di nascosto per non farsi scoprire**

1 Chi è il committente di questo quadro? ....
2 Secondo te, questo quadro aveva una destinazione pubblica o privata? ....
3 Qual è il soggetto del quadro? ....
4 In che posizione sono raffigurati i personaggi della scena? ....
5 Qual è il messaggio di questo quadro? ....
6 A quale genere artistico appartiene? ....

La pittura di genere

Si chiamano così i quadri che rappresentano fedelmente scene di vita quotidiana (come per esempio scene di lavoro, feste, mercati ecc.) e che ritraggono persone comuni, ma anche i quadri con paesaggi e nature morte. La pittura di genere, originaria e molto diffusa nei Paesi Bassi, ha avuto un grande successo anche in Italia a partire dal Cinquecento.

9 **8** **Questione di stile! Ascolta il testo *Il naturalismo di Caravaggio* e scegli la risposta giusta.**

1 La principale caratteristica dello stile pittorico di Caravaggio è quella di:
- ☐ **a** dipingere solo cose belle
- ☐ **b** dipingere la natura come è nella realtà

2 Ne *I bari* tutte le figure sono dipinte:
- ☐ **a** con cura nei minimi particolari
- ☐ **b** in modo stilizzato, con poche linee essenziali

3 I personaggi sono teatrali perché:
- ☐ **a** hanno una forte espressività e gestualità
- ☐ **b** sono degli attori di teatro

4 Caravaggio coinvolge lo spettatore nella scena:
- ☐ **a** cercando di annullare la differenza tra lo spazio reale e quello del dipinto
- ☐ **b** accentuando il gioco di sguardi fra i personaggi

5 Caravaggio usa la luce per:
- ☐ **a** costruire le figure
- ☐ **b** evidenziare i punti focali del quadro

9 **Ora leggi il testo dell'ascolto dell'esercizio 8 ed esegui le attività.**

Il naturalismo di Caravaggio

La principale caratteristica dello stile pittorico di Caravaggio è quella di osservare la natura in modo molto attento e di riportare poi nei suoi quadri non solo le cose belle, ma anche quelle brutte o imperfette. In questo consiste il naturalismo di Caravaggio, che è stato il primo e più importante pittore italiano di nature morte.

Ne *I bari*, il tavolo da gioco e i giocatori sono descritti nei minimi particolari e con grande accuratezza, come vediamo nelle decorazioni della tovaglia sul tavolo e nei vestiti dei personaggi, specialmente nella piuma del cappello del giovane baro. A questa grande abilità tecnica nel descrivere gli oggetti, si aggiunge l'eccezionale capacità di Caravaggio di rappresentare gli stati d'animo e l'umanità dei personaggi attraverso l'espressività e la gestualità che rende l'immagine fortemente realistica e anche teatrale. L'osservatore capisce subito cosa sta succedendo nella scena e ne è coinvolto emotivamente anche perché Caravaggio usa alcuni espedienti tecnici per annullare la differenza tra lo spazio reale e quello del dipinto. Il pugnale che il giovane baro porta alla cintura, per esempio, sembra entrare nello spazio fisico dell'osservatore e collegare la realtà dipinta nel quadro con quella dell'osservatore.

La disposizione dei tre personaggi e della scatola con i dadi sul tavolo creano l'effetto spaziale della scena che è accentuato anche dal gioco di sguardi fra i personaggi.

L'ambiente dove si svolge la scena è poco descritto al contrario degli oggetti e dei personaggi: c'è solo una parete nuda investita da un fascio di luce che arriva dall'alto a sinistra. Anche la luce è usata da Caravaggio in modo realistico, investe i personaggi, ne evidenzia le forme, le espressioni, i gesti e si concentra su alcuni punti focali del quadro. I passaggi di luce rendono, inoltre, i colori luminosi e ne modulano le gradazioni cromatiche.

1 **Sottolinea le parole che indicano gli elementi principali dello stile di Caravaggio.**

2 **Secondo te, tutti questi elementi (la *spazialità*, la *composizione*, la *luminosità*, l'*espressività*, la *gestualità*) quale effetto danno alla scena?**

☐ **a** cromatico ☐ **b** teatrale ☐ **c** plastico

10 **Diciamolo con le parole dell'arte... Abbina le parole della prima colonna al significato corrispondente.**

1 naturalismo	☐ **a** ambientazione della scena
2 ambiente dove si svolge la scena	☐ **b** dettagli più piccoli
3 minimi particolari	☐ **c** punti importanti della scena
4 disposizione degli oggetti	☐ **d** rappresentazione realistica della natura
5 fascio di luce	☐ **e** luce che viene da un punto e poi si allarga
6 punti focali	☐ **f** come e dove sono messi gli oggetti

11 **Che cosa pensi di quest'opera? Scrivi solo una frase.**

....

Le parole dell'arte

Il naturalismo è la rappresentazione realistica di uomini e cose senza abbellimenti o modifiche.

La natura morta è un genere che ha per soggetto fiori e frutta "morti", nel senso che sono stati raccolti e quindi vicini a morire, ma anche oggetti come strumenti musicali ecc. Anche se questo tipo di rappresentazione è molto antica, è solo nel Seicento che diventa protagonista assoluta delle scene dei quadri, dando origine ad un proprio genere.

12 **Prova a immaginare la storia dei tre personaggi de *I bari*. Chi sono? Come e dove si sono incontrati? Come andrà a finire la loro partita a carte?**

13 **Confronta *I bari* con un'opera dello stesso periodo di Caravaggio, *La buona ventura*, in che cosa sono simili? Parlane con i compagni.**

- ☐ il genere
- ☐ il soggetto
- ☐ i colori
- ☐ la tecnica
- ☐ i personaggi

La buona ventura, (prima versione) 1593-95, Pinacoteca Capitolina, Roma.

14 **Scegli un'opera di Caravaggio dipinta più tardi, nella maturità. Riportane i dati, descrivi il soggetto e scrivi in che cosa è diversa da *I bari*.**

Galleria di immagini • I capolavori di Caravaggio

Scheda dell'opera

Titolo: ....

Data: ....

Tecnica: ....

Dimensioni: ....

Ubicazione: ....

Soggetto: ....

Le differenze: ....

15 **Indovina il titolo di tre opere di Caravaggio.**

1 È un dipinto che raffigura un giovane di un antico mito greco che si specchia nell'acqua di un laghetto e si piace molto. **Il titolo è** ....

2 È un grande dipinto che fece molto scandalo all'epoca! L'opera è stata, infatti, rifiutata dai committenti, i Carmelitani Scalzi di Roma, nel 1606 perché non rispettava l'iconografia religiosa classica. Nel quadro è raffigurata una giovane donna morta. **Il titolo è** ....

3 Nel quadro è raffigurato un giovane seminudo che ha una spada in una mano e nell'altra tiene per i capelli la testa del gigante che ha appena ucciso. A differenza degli altri quadri con lo stesso soggetto, in questo c'è l'autoritratto di Caravaggio. **Il titolo è** ....

Vuoi conoscere meglio Caravaggio?

Cercalo su internet e poi scrivi i tuoi appunti in *Biografie degli artisti: i miei appunti*, p. 106.

7 • Il Bucintoro al molo nel giorno dell'Ascensione

Autore: Giovanni Antonio Canal
Data: 1730 circa
Tecnica: olio su tela
Dimensioni: 120x157 cm
Ubicazione: Pinacoteca Giovanni e Marella Agnelli, Torino

1 **Osserva l'opera e parlane con i tuoi compagni.**

1 Conosci quest'opera?
2 Sai con quale nome è famoso l'autore?
3 L'hai mai vista dal vivo?
4 Quale città italiana è raffigurata?
5 Ti piace? Perché?

2 **Che cosa è rappresentato in questa scena? Fai delle ipotesi.**

....

....

....

3 **Osserva il quadro e scrivi tutte le parole che conosci.**

Per esempio: città, laguna, ...

....

....

....

4 **Nel quadro si vedono alcuni monumenti di Venezia. Completa le frasi con i nomi sottostanti e poi indicane la posizione.**

Chiesa • Biblioteca • Colonne • Palazzo • Campanile • Prigioni

1 La .... di San Marco è nascosta *sullo sfondo/in primo piano*.
2 Il .... Ducale è a *destra/sinistra* dello spettatore.
3 Le .... con il leone di San Marco e quella di San Teodoro sono al *centro/lato* fra Palazzo Ducale e la .... Nazionale Marciana.
4 *Accanto al/Sotto il* palazzo Ducale a destra, c'è il Palazzo delle ....
5 Il .... di San Marco è *davanti/dietro* al Palazzo della Zecca e alla Biblioteca.

5 **Abbina le domande della prima colonna alle risposte corrette.**

Che cos'è?

1 ... il Bucintoro?
2 ... il molo?
3 ... l'Ascensione?

☐ **a** festa cattolica che celebra la salita in cielo di Gesù
☐ **b** una barca dal fondo piatto riccamente decorata che usava il Doge[1] di Venezia per festeggiare l'Ascensione
☐ **c** il posto dove si attraccano le barche

[1] Doge: il capo della Repubblica di Venezia.

6 **Leggi e rispondi se è vero o falso.**

Il Bucintoro al molo il giorno dell'Ascensione

Come in una fotografia, Canaletto ritrae la laguna davanti a Piazza San Marco nel giorno della festa dell'Ascensione, una festa particolarmente importante a Venezia perché celebrava lo *sposalizio*[1] della città con il mare. Questa antichissima festa consisteva in una cerimonia in cui il Doge sul Bucintoro, seguito da decine e decine di gondole, andava nella laguna davanti alla Chiesa di San Niccolò e lasciava cadere in mare un anello consacrato. Con questo gesto Venezia "sposava" il mare, cioè confermava non solo di essere una città unita indissolubilmente al mare, ma anche di essere la città più potente del Mar Adriatico perché la "sposa" del mare.
Canaletto immortala il momento in cui il Bucintoro sta per lasciare il molo fissando nel quadro il fascino della città lagunare con i suoi palazzi orientaleggianti, lo sfarzo e la solennità della cerimonia attraverso un racconto particolareggiato. In primo piano c'è la laguna con le sue gondole di cui vediamo non solo l'ombra nell'acqua, ma anche le ricche decorazioni dorate, i nobili che indossano la bauta[2], e perfino i gesti dei gondolieri che remano. Le figure sono definite con rapidi tocchi di colore che si moltiplicano su tutta la tela e ci fanno immaginare il brusio allegro della folla festosa.

[1] sposalizio: il matrimonio.
[2] bauta: un costume tipicamente veneziano indossato dai nobili per andare a teatro o alle feste. La bauta era formata da un cappello nero (tricorno), un mantello scuro (tabarro) e da una maschera bianca (larva) che serviva a mantenere l'anonimato. Oggi la bauta è uno dei simboli più conosciuti del Carnevale di Venezia.

		V	F
1	Il giorno dell'Ascensione a Venezia si festeggiava anche lo sposalizio del mare?	☐	☐
2	Il Doge lasciava cadere un anello consacrato nella laguna davanti alla Chiesa di San Marco?	☐	☐
3	Lo sposalizio del mare significava che Venezia era una città legata in modo particolare al mare e anche la più forte sul mare Adriatico?	☐	☐
4	La scena è descritta a grandi linee con rapidi tocchi di colore?	☐	☐
5	Si vedono i gondolieri che indossano la bauta?	☐	☐

E 22-23

La pittura di paesaggio

Il paesaggio, da sempre nello sfondo dei quadri, ne diventa protagonista nel Cinquecento, prima nella pittura del nord Europa e poi anche in Italia. Nei secoli successivi cresce nell'arte il sentimento della natura, e quindi anche la sua rappresentazione, fino a quando, nel Settecento, nasce una corrente artistica chiamata *Vedutismo*. I quadri di questa corrente sono esclusivamente "vedute", cioè paesaggi di campagna o di città, in cui gli uomini, quando ci sono, hanno un ruolo minore. Il Vedutismo si sviluppa particolarmente a Venezia, città particolarmente suggestiva, ed ha in Canaletto uno dei suoi maggiori interpreti. Non sempre i paesaggi ritratti sono però reali, spesso in molti quadri i pittori mescolano paesaggi reali con elementi di fantasia; questo tipo di "vedute" è chiamata *Capriccio*.

7 **Osserva lo stile del quadro e scrivi, usando anche con un solo aggettivo, che cosa pensi di...**

1 ... della veduta ....
2 ... del modo di ritrarre i personaggi e la festa ....
3 ... del movimento delle figure ....
4 ... dello spazio ....
5 ... della luce ....
6 ... dei colori ....

8 **Parliamone. Secondo te che funzione ha il paesaggio che Canaletto propone in questa veduta? Perché?**

☐ **a** una funzione **provocatoria** (è un paesaggio che vuole provocare una riflessione attraverso figure bizzarre, anormali, fantasiose)
☐ **b** una funzione **estetica** (è un paesaggio che vuole evidenziare la bellezza del luogo)
☐ **c** una funzione **emozionale** (è un paesaggio che vuole suscitare sentimenti nell'osservatore)

10 **9** **Questione di stile! Ascolta e scegli la risposta giusta.**

Canaletto: luce, colore, prospettiva

Questa, come altre vedute di Canaletto, non è la semplice riproduzione di uno scorcio di Venezia, ma è un ritratto vivo e suggestivo della città in un giorno di festa, un ritratto che riesce a coinvolgere emotivamente lo spettatore.
Lo spettatore, infatti, guarda la scena guidato dalle linee di una prospettiva molto complessa e da colori intensi e brillanti che lo conducono inevitabilmente al Bucintoro, il vero protagonista della scena che si trova proprio al centro del dipinto. Quest'intreccio di linee e colori, sui quali dominano l'oro e il rosso brillante del Bucintoro, è sostenuto da un disegno nitido e da ricercati contrasti tra luce e ombra. Canaletto usa la luce con grande maestria per creare riflessi dorati sull'acqua e sulle gondole, dando così al momento ritratto, cioè l'inizio della festa dell'Ascensione, un carattere magico ed evocativo. È l'uso sapiente della luce, infatti, che rende splendidi e ricercati i toni dei colori, che ricrea l'atmosfera del giorno di festa e che fa risaltare i moltissimi e accurati particolari che sono il tono narrativo del quadro.

1 Questa veduta di Canaletto è:
☐ **a** la semplice riproduzione di uno scorcio di Venezia
☐ **b** un ritratto vivo e suggestivo della città in un giorno di festa

2 Nella scena, il Bucintoro:
☐ **a** è protagonista
☐ **b** non è protagonista

3 I colori dominanti sono:
- ☐ **a** ricercati contrasti tra luce e ombra
- ☐ **b** l'oro e il rosso brillante

4 La luce, usata con maestria, dà un carattere magico ed evocativo:
- ☐ **a** al momento della festa
- ☐ **b** alle gondole

5 La scena è narrata attraverso:
- ☐ **a** i moltissimi particolari
- ☐ **b** l'uso sapiente della luce

E 24

Le parole dell'arte

Lo **scorcio** è la veduta di un paesaggio visto da un angolo; una veduta **di scorcio** è, invece, un tipo di rappresentazione prospettica: la figura è rappresentata su un piano obliquo rispetto a chi guarda per dare all'immagine un grande effetto di profondità.

10 **Leggi il testo dell'attività 9 e scrivi qui le parole dell'arte usate per descrivere lo stile di questo quadro.**

disegno nitido, ...

....

....

11 **Leggi questi giudizi sull'arte di Canaletto e poi rispondi alle domande.**

(1) «[...] finalmente nasce la veduta pura, la realtà schietta e sincera, il senso delle cose scrutate nella loro essenza più vera e profonda.»

(Pietro Zampetti, *Vedutisti veneziani del Settecento*, 1967)

(2) «[...] il manierismo del Canaletto è il più degradato che io conosca in tutto il mondo dell'arte. Esercitando la più servile e sciocca imitazione, esso non imita nulla se non la vacuità delle ombre, e ne offre singoli ornamenti architettonici, per quanto esatti e prossimi [...]: si tratta di un piccolo, cattivo pittore.»

(John Ruskin, *Modern painters*, 1843)

1 Quale di questi giudizi è positivo? Quale negativo?

2 Con quale dei due giudizi sei d'accordo? E tu che cosa pensi di quest'opera? E dei quadri di paesaggio?

12 **Immagina di essere dentro a questo quadro e di partecipare alla festa dell'Ascensione, che cosa faresti? Dove andresti? Come ti vestiresti? Raccontalo ai tuoi compagni.**

13 **Confronta il quadro di Canaletto con uno di Francesco Guardi, o di Antonio Joli (o di un altro autore dello stesso periodo) e segna che cosa è simile (✓) e che cosa è diverso (✗).**

Galleria di immagini • I Vedutisti italiani

	✓	✗
1 il soggetto	☐	☐
2 lo scorcio	☐	☐
3 l'effetto spaziale	☐	☐
4 la cura dei dettagli	☐	☐
5 l'effetto scenico	☐	☐
6 i colori	☐	☐
7 il disegno	☐	☐
8 il realismo	☐	☐

14 **Indovina il titolo delle seguenti tre opere di Canaletto.**

1 La scena è ambientata a Venezia nel 1723 in un quartiere molto povero; al centro del quadro si vede un canale attraversato, sullo sfondo, da un ponte di legno. Gli uomini, qua e là nel quadro, sono tutti al lavoro. **Il titolo è** ....

....

2 Nel quadro è raffigurata una scena di vita quotidiana in Campo San Vidal a Venezia dove c'è una bottega di scalpellini; il quadro è del 1727-28 circa, oggi si trova alla National Gallery di Londra. **Il titolo è** ....

....

3 È una veduta dipinta nel 1747 con un insolito scorcio di Londra e del Tamigi perché ripreso da sotto un arco del ponte di Westminster. **Il titolo è** ....

....

Vuoi conoscere meglio Canaletto?

Cercalo su internet e poi scrivi i tuoi appunti in *Biografie degli artisti: i miei appunti*, p. 106.

8 • Il riposo

Autore: Giovanni Fattori
Data: 1887
Tecnica: olio su tela
Dimensioni: 88x179 cm
Ubicazione: Pinacoteca di Brera, Milano

1 **Osserva l'opera e parlane con i tuoi compagni.**

1 Conosci quest'opera?
2 Hai mai sentito parlare del suo autore?
3 L'hai mai vista dal vivo?
4 Ti piace?
5 Perché?

2 **Che cosa è rappresentato in questa scena? Fai delle ipotesi.**

....

....

3 **Descrivi l'opera con le parole date, come nell'esempio.**

Per esempio: La scena è ambientata: *campagna toscana/pomeriggio/estate*
La scena è ambientata nella campagna toscana in un pomeriggio d'estate.

1 A sinistra: *esserci/contadino/stanco/riposarsi/sedere/ombra*

....

2 Il contadino: *avere/volto/ombra/avere/testa/cappello*

....

3 Intorno a lui: *estendersi/campo/giallo/lavorare*

....

4 Al centro della composizione: *esserci/due/buoi/staccati/carro*

....

5 A destra: *davanti/carro rosso/terra/primo piano/esserci/aratro*

....

6 Alle spalle del contadino: *sfondo/esserci/mare/azzurro/cielo/nuvole/bianco*

....

4 **Osserva il quadro e rispondi se è vero o falso.**

		V	F
1	Il soggetto è ambientato in città?	☐	☐
2	Il contadino si sta riposando?	☐	☐
3	È una giornata primaverile?	☐	☐
4	Nella scena tutto è fermo, immobile?	☐	☐
5	Il viso del contadino è in piena luce?	☐	☐
6	È una scena piena di movimento e rumore?	☐	☐

5 **Leggi e poi riordina le seguenti affermazioni.**

Il riposo

Il soggetto del quadro è *campestre*[1], cioè legato alla vita di lavoro nei campi dei contadini. Fattori ritrae nella sua tela il momento del riposo dal duro lavoro di un contadino nelle ore più calde della giornata, quelle del primo pomeriggio.
Nella scena tutto è immobile, fermo, silenzioso: la campagna, l'uomo, gli animali, il mare. A chi guarda il quadro può sembrare di sentire il caldo delle ore pomeridiane, il sollievo per la pausa dal lavoro, la solitudine e il silenzio che regnano nel lontano campo che il contadino sta lavorando.
I protagonisti della scena, i maestosi buoi al centro e il contadino seduto in basso occupano tutto il primo piano della scena, la dominano, lasciando poco spazio allo sfondo. Il contadino ha il volto in ombra, non si vede l'espressione del suo viso, ma si avverte il vagare dei suoi pensieri, il suo sentirsi solo nella natura.
In contrasto con la semplicità del soggetto, il linguaggio artistico usato da Fattori ha un tocco di solennità dato dal senso di immobilità e di silenzio della scena. L'osservatore è portato a riflettere sulla fatica dell'uomo, sul suo rapporto con la natura e sulla nobiltà del lavoro nei campi.

[1] campestre: è un soggetto con scene di lavoro o di vita in campagna.

☐ **a** La semplicità del soggetto del quadro è in contrasto con la solennità del linguaggio artistico.
☐ **b** Il primo piano della scena è occupato dai grandi buoi e dal contadino.
☐ **c** Il soggetto del quadro è il momento di riposo di un contadino durante il suo lavoro nei campi.
☐ **d** Il volto del contadino non si vede, ma si avverte la sua solitudine.
☐ **e** Nella scena regnano la solitudine e il silenzio del campo dove lavora.

E 25-27

6 **Prova a immaginare la giornata di questo contadino, dagli un nome e immagina la sua storia.**

....
....
....
....
....
....
....
....

7 **Osserva lo stile del quadro e rispondi alle domande.**

1 Come ti sembrano i colori? Tenui o intensi?

....

2 Come sono distribuiti nel quadro? Sfumano uno nell'altro?

....

3 I contorni delle figure ti sembrano leggeri o marcati?

....

4 La scena ti sembra realistica o idealizzata?

....

11 **8** **Questione di stile! Ascolta il testo e segna quali tra le seguenti frasi sono presenti nel testo. Poi leggi il testo e controlla le tue risposte.**

1 Giovanni Fattori è uno dei più grandi esponenti della pittura "a macchia". ☐
2 Tutte le figure del quadro sono formate da grosse macchie di colori primari. ☐
3 Ogni figura corrisponde a una macchia di colore dipinta in modo sintetico. ☐
4 Per creare le figure Fattori usa solo i colori, non c'è disegno. ☐
5 Attraverso i colori Fattori esprime le sue emozioni e i suoi stati d'animo. ☐

La pittura "a macchia"

Tutte le figure del quadro sono formate da grosse macchie di colori primari: rosso il carro, blu il mare, giallo il campo sotto il sole, scuro il contadino in ombra, chiari i buoi; colori che, accostati tra loro, diventano ancora più intensi.
I colori sono stesi in campiture, cioè ogni colore riempie in modo uniforme lo spazio di una figura disegnata con un contorno netto ma leggero. In questo modo ogni figura corrisponde a una macchia di colore dipinta in modo sintetico, con pennellate rapide che non definiscono i dettagli, e dense per creare giochi di luce e ombra.
Fattori, dunque, punta sul colore, di cui ha grande padronanza, per esprimersi: il colore di ogni figura, anche del paesaggio, è parte integrante della scena perché è in relazione allo stato d'animo del contadino raffigurato, esprime le sue emozioni.
Per questo motivo lo spazio è definito con linee orizzontali di colore che lo fanno sembrare più ampio, immobile e silenzioso.

E 28-29

Le parole dell'arte

La **pittura "a macchia"** è la tecnica pittorica tipica di un movimento artistico italiano nato nel 1856 chiamato, per l'appunto, dei "Macchiaioli". Questi artisti, dipingono le figure dei loro quadri accostando *macchie* di colore che delimitano con un contorno leggerissimo; la luce poi, colpendo i colori e creando l'effetto di chiaroscuro, fa risaltare le forme delle figure.

9 **Cerca nel testo le parole dell'arte che si riferiscono ai seguenti elementi stilistici.**

1 Come sono formate le figure?

....

2 Come sono messi i colori?

....

3 Come è disegnato il contorno?

....

4 Come è la pennellata?

....

10 In questo quadro *parlano* i colori... Abbina i colori della prima colonna a ciò che rappresenatno.

1 giallo
2 rosso
3 nero
4 azzurro
5 beige
6 bianco

☐ **a** il mare calmo e lontano
☐ **b** il carro, forte e insostituibile mezzo di trasporto
☐ **c** un campo bruciato dal sole estivo
☐ **d** il cielo coperto di nuvole
☐ **e** un contadino come tanti
☐ **f** i grandi buoi al riposo all'ombra

11 Quali sono i *colori primari*?

....

12 Che cosa pensi di quest'opera? Scrivi solo una frase.

....

....

13 Che cos'è la pittura *a macchia*? Abbina le domande alle risposte.

1 Che cos'è la pittura "a macchia?"?
2 Come si chiamano i pittori che usano questa tecnica?
3 Quali sono i nomi dei pittori più importanti del gruppo?
4 In quale città italiana è nato il movimento artistico che usa questa tecnica?
5 In che periodo?
6 A che cosa serve questa tecnica pittorica?

☐ **a** a creare immagini pittoriche più vicine al vero, alla realtà
☐ **b** Giovanni Fattori, Telemaco Signorini, Silvestro Lega, Giuseppe Abbati
☐ **c** una tecnica pittorica
☐ **d** Firenze
☐ **e** dalla seconda metà dell'Ottocento ai primi anni del Novecento
☐ **f** Macchiaioli

14 Quali sono i *soggetti* più ricorrenti nei quadri dei Macchiaioli? Guarda su internet le loro opere e segna quali tra i seguenti sono i loro soggetti preferiti.

Galleria di immagini • I Macchiaioli

☐ paesaggi della campagna toscana
☐ contadini che lavorano i campi
☐ scene religiose
☐ ritratti di gente comune
☐ ritratti di aristocratici
☐ scene di battaglia

I Macchiaioli

Il movimento pittorico dei Macchiaioli vuole rinnovare la pittura italiana che, nell'Ottocento, seguiva rigidamente i modelli e le regole stilistiche insegnate nelle Accademie. Questi giovani pittori, invece, decidono di dipingere soggetti reali e attuali direttamente fuori, all'aria aperta per riportare meglio le impressioni dal vero, anche e soprattutto per quello che riguarda la luce e i colori. I Macchiaioli osservano il soggetto da dipingere riflesso in uno specchio nero che esalta i contrasti tra le parti scure e quelle chiare ed elimina le linee di contorno delle figure. In questo modo la realtà ispira loro un'immagine visiva fatta di macchie di colore, che diventano la base della loro innovativa tecnica pittorica con cui riescono a esprimere al meglio la loro visione della realtà che li circonda.

15 **Parliamone. Osserva ancora attentamente il paesaggio e rispondi alle domande.**

1 Che sentimenti ti suscita? Allegria, nostalgia, tristezza, malinconia, felicità, amore, paura, abbandono, noia, meraviglia. Altro?
2 Ti ricorda qualcosa o qualcuno?
3 Secondo te, è ritratto dal vero o ricostruito idealmente?
4 Aggiungi qualcosa (cose, persone, oggetti, animali ecc.) a questo paesaggio. Che cosa metti e perché?

16 **Indovina i titoli di tre opere di Fattori.**

1 Il protagonista del quadro è un paesaggio dove due alberi sulla riva del mare sono piegati dal forte vento che viene dal mare. Il mare, infatti, è mosso da onde alte e spumeggianti. **Il titolo è** ....

2 Un gruppo di signore vestite con abiti dalle gonne lunghe e con i cappelli in testa sono sul lungomare di una spiaggia, sedute all'ombra di un grande tendone giallo ocra. **Il titolo è** ....

....

3 Un uomo solo cammina sulla riva del mare, indossa giacca, pantaloni e cappello scuri. È di spalle all'osservatore e guarda il tramonto sul mare mosso. **Il titolo è** ....

Vuoi conoscere meglio Fattori?

Cercalo su internet e poi scrivi i tuoi appunti in *Biografie degli artisti: i miei appunti*, p. 107.

9 • Il sogno

Autore: Gaetano Previati
Data: 1912
Tecnica: olio su tela
Dimensioni: 225x165 cm
Ubicazione: Collezione privata

1 **Osserva l'opera e parlane con i tuoi compagni.**

1 Conosci quest'opera?
2 Hai mai sentito parlare del suo autore?
3 L'hai mai vista dal vivo?

2 **Rifletti sulle seguenti domande e poi parlane con i tuoi compagni.**

Secondo te...
1 Perché il quadro si intitola *Il sogno*? Che tipo di sogno è?
2 Che figure ci sono? Sono realistiche? Chi sono?
3 Che tipo di paesaggio c'è? È solo decorativo?
4 Tutte le figure hanno contorni netti e ben definiti?
5 I colori hanno tonalità calde o fredde?
6 Com'è la luce?

3 **Leggi e rispondi se è vero o falso.**

Il sogno

Ne *Il sogno* c'è l'immagine di una visione onirica[1] dell'amore: le figure di due amanti sembrano sbocciare da un bellissimo prato di fiori e si elevano nel cielo in un abbraccio avvolgente. Le linee di contorno delle figure sono fluide e leggere tanto da confondersi con il cielo dello sfondo, i corpi non hanno fisicità e l'atmosfera del quadro ha qualcosa di soprannaturale, di magico, capace di portare l'osservatore in una dimensione lontana dalla realtà. Previati raffigura l'evanescenza del sogno e i suoi contenuti che affiorano misteriosamente dall'inconscio esprimendoli attraverso il "simbolo". Il senso della scena del quadro è, infatti, il simbolo dell'amore romantico e appassionato di cui sono simbolo anche i fiori. Qui, infatti, la natura è vivente e anche partecipe al mistero dell'amore e della vita che affiora nei sogni. L'immagine è vaga e indefinita, le figure si fondono tra loro immerse in una luce color bronzo che, come il pulviscolo dorato di un magico tramonto, le avvolge e trasforma. Non solo il soggetto del quadro, quindi, ma anche il modo in cui è rappresentato rendono questo quadro un bellissimo esempio di pittura simbolista, una pittura che fonde sogno e realtà in un'arte che è vista come un modo per esplorare il mondo dell'inconscio e dell'onirismo.

[1] visione onirica: visione di un sogno.

		V	F
1	Il soggetto del quadro è la visione di un sogno d'amore.	☐	☐
2	Le figure sono irreali, hanno un carattere sacro.	☐	☐
3	La scena è simbolo dell'amore romantico e appassionato.	☐	☐
4	I fiori e la luce sono dipinti con grande realismo.	☐	☐
5	Il sogno è un quadro simbolista.	☐	☐

E 30-33

4 ***I fiori parlano...* Conosci il linguaggio simbolico dei fiori? Scrivi il nome di tre fiori che sono simbolo di qualcosa (amore, amicizia ecc.).**

....

....

Le parole dell'arte

Il **Simbolismo** è un movimento culturale (interessa l'arte, la letteratura, la musica) nato in Francia nel 1886 circa, di cui Previati è stato uno dei più importanti esponenti italiani.
Il Simbolismo si ispira alla natura e, attraverso immagini simboliche al confine tra sogno e realtà, vuole suscitare le emozioni più profonde nascoste nell'inconscio di ogni persona. Per questo motivo, la pittura simbolista è ricca di riferimenti culturali e di contenuti molto complessi, spesso difficili da interpretare.

5 **Osserva lo stile del quadro e scegli la risposta giusta.**

1 Le forme delle figure sono date:
☐ **a** dal disegno
☐ **b** dal colore

2 I colori sono:
☐ **a** primari (giallo, rosso, blu)
☐ **b** complementari (mescolati tra loro per avere diverse tonalità di ogni colore)

3 Il colore è steso:
☐ **a** con piccoli tocchi di pennello
☐ **b** con larghe pennellate

4 La luce è:
☐ **a** realistica
☐ **b** irreale

5 La luce è:
☐ **a** dappertutto
☐ **b** colpisce solo il soggetto principale

6 **Questione di stile! Ascolta e completa il testo con i verbi mancanti.**

Galleria di immagini • I Divisionisti

11

Il Divisionismo di Previati

Se per rappresentare le sue visioni oniriche Previati sceglie il simbolo, capace di .... ai loro significati più profondi, per raffigurare la forma del simbolo, sceglie il colore. Previati .... una tavolozza particolarmente luminosa, perciò studia la composizione dei colori per farli più brillanti e per .... tra loro per farli risaltare il più possibile. Da questo studio nasce la particolare tecnica pittorica chiamata Divisionismo di cui Previati è uno dei padri.
Con questa tecnica il colore viene .... sulla tela in piccoli tocchi di pennello o in sottilissime strisce (filamenti) che, accostate o .... l'una sull'altra, creano una specie di "pulviscolo luminoso" che è l'aspetto stilistico più famoso della pittura di Previati.
Grazie a questa tecnica divisionista si crea un effetto turbinoso del colore e, soprattutto, un effetto della luce meraviglioso che .... la bellezza del simbolo e anche il suo significato. Previati, che è chiamato per questo motivo "il pittore della luce" .... nei suoi quadri una luce che ha un grande valore estetico e intellettuale.

E 34

Le parole dell'arte

Il **Divisionismo** è uno stile caratterizzato dalla separazione dei colori in singoli tocchi di pennello o in pennellate sottilissime (= filamenti). Quando si guarda il quadro da lontano, i colori però non si vedono separati (divisi) ma si fondono tra loro con una grande varietà di tonalità e sfumature diverse. Il Divisionismo è una variante del Puntinismo francese (*Pointillisme*) e si sviluppò in Italia alla fine dell'Ottocento. I principali artisti di questo stile sono Pellizza da Volpedo, Giovanni Segantini e, naturalmente, Gaetano Previati.

7 **Che cosa pensi di quest'opera? Scrivi solo una frase.**

....

8 **Diciamolo con le parole dell'arte... Leggi le seguenti frasi e scrivi di che cosa parlano usando le parole sottostanti.**

cromatismo • tecnica • composizione • effetto della luce • soggetto

1 Previati rappresenta visioni oniriche attraverso immagini simboliche.

....

2 Il suo stile si basa su una tavolazza di colori molto luminosi e brillanti.

....

3 Previati studia come accostare i colori per farli risaltare il più possibile.

....

4 Distribuisce il colore sulla tela in piccoli tocchi di pennello o in sottili filamenti.

....

5 Il segno distintivo della sua pittura è il pulviscolo luminoso che avvolge le figure dei suoi quadri.

....

9 **Confronta *Il sogno* con un altro dipinto di Previati, *Paolo e Francesca*.**

1 In che cosa sono simili? In che cosa diversi? Quale emozione ti danno?

13 2 Se non conosci la storia d'amore di Paolo e Francesca, cercala su internet o ascolta l'audio.

Sono simili: ....

....

....

Sono diversi: ....

....

....

Emozioni: ....

....

....

10 **Scegli un quadro con un soggetto d'amore di qualsiasi autore e epoca, presentalo brevemente e rispondi alle seguenti domande.**

1 Come è rappresentato il tema dell'amore?
2 Che cosa prevale nella rappresentazione? La bellezza, il sentimento, la passione, la dolcezza, la tristezza o altro?
3 C'è un'idea precisa dell'amore?
4 Come sono il disegno, i colori e lo stile?

11 **Cerca su internet e racconta con parole tue una famosa storia d'amore ambientata in Italia (per esempio: Antonio e Cleopatra, Dante e Beatrice, Paolo e Francesca, Otello e Desdemona, Renzo e Lucia) o nel tuo Paese.**

....

....

....

....

....

....

12 **Indovina il titolo di tre opere di Gaetano Previati.**

1 Una madre allatta il suo bambino sotto un albero circondata da angeli dalle grandi ali bianche. È un dipinto del 1890. **Il titolo è** ....
2 Il sole sorge trasportato su un carro infuocato tirato da quattro focosi cavalli. **Il titolo è** ....
3 Una bellissima donna avvolta in un velo trapuntato di stelle e con un pipistrello alle spalle si sveglia alla prima luce del sole. **Il titolo è** ....

Vuoi conoscere meglio Previati?

Cercalo su internet e poi scrivi i tuoi appunti in *Biografie degli artisti: i miei appunti*, p. 107.

10 • Visioni simultanee

Autore: Umberto Boccioni
Data: 1911
Tecnica: olio su tela
Dimensioni: 70x75 cm
Ubicazione: Von Der Heydt Museum, Wuppertal, Germania

1 **Osserva l'opera e parlane con i tuoi compagni.**

1 Conosci quest'opera?
2 L'hai mai vista dal vivo?
3 Hai mai sentito parlare del suo autore?

2 **Che cosa è rappresentato in questa scena? Fai delle ipotesi.**

....
....
....

3 **Prova a descrivere la scena del quadro con parole tue.**

....
....
....
....
....

4 **Rispondi alle domande con vero o falso.**

		V	F
1	Il quadro è una veduta della città.	☐	☐
2	Le figure sembrano ferme, statiche.	☐	☐
3	Le figure entrano una dentro l'altra, si compenetrano.	☐	☐

4 Lo spazio è rappresentato in modo lineare. ☐ ☐
5 Boccioni vuole rappresentare in modo esatto i palazzi e le persone. ☐ ☐
6 Nel quadro c'è il dinamismo della vita di città. ☐ ☐

5 **Leggi e poi rispondi alle domande.**

Visioni simultanee

Al centro del quadro si vede una donna che si affaccia al balcone del palazzo in cui abita e lo stesso fa un'altra donna che abita di fronte a lei; nel momento in cui si affacciano a guardare la strada sottostante, le donne vengono coinvolte nella vita rumorosa e frenetica che c'è nella strada.
Lo spazio è deformato dal movimento delle persone e dal fatto che i palazzi, le persone, gli oggetti si compenetrano. La composizione delle figure nel quadro non è ordinata, le figure non sono immediatamente leggibili perché non sono loro il soggetto che l'artista vuole rappresentare, ma il dinamismo[1] che c'è lì.
Affacciandosi sul balcone, infatti, le donne entrano a far parte dei rumori e della vita movimentata della città; le donne sono come in strada a parlare, tra i passanti e i palazzi, e i loro pensieri e le loro parole si mescolano alla frenesia della vita urbana. Vedere le mille cose che avvengono simultaneamente[2] è, quindi, un modo per raccontare la vitalità della città, fatta di gente, caos, movimento, rumori.

[1] dinamismo: il movimento di cose e persone.
[2] simultaneamente: allo stesso tempo, tutte in una volta.

1 Dove sono ritratte le donne? ....
2 Che cosa deforma lo spazio? ....
3 Perché le figure delle donne non si vedono (leggono) chiaramente? ....
4 Di che cosa fanno parte le donne una volta sul balcone? ....
5 In che modo Boccioni racconta il dinamismo della città? ....

E 35

6 **Prova a immaginare... Che cosa sta succedendo nella strada sotto i balconi delle donne? Perché le donne si sono affacciate ai balconi? Di che cosa parlano?**

....
....
....
....

E 36

7 **Osserva lo stile del quadro e rispondi alle domande dopo averle completate con le parole seguenti.**

espressive • audaci • osservatore • prospettiva • definita

1 I colori sono tenui o .... e irreali? ....
2 La .... è tradizionale con un unico punto di fuga o nuova con tanti punti di fuga?
....
3 Le figure sono inespressive o ....? ....
4 La linea di contorno delle figure è ben .... o indefinita? ....
5 L'.......... si sente dentro o fuori il quadro? ....

8 Questione di stile! Ascolta e rispondi se è vero o falso. Poi leggi il testo per controllare le tue risposte.

14

		V	F
1	Il pittore vuole che l'osservatore entri nel quadro.	☐	☐
2	C'è un unico punto di fuga che focalizza lo sguardo dello spettatore.	☐	☐
3	I colori sono tutti vivacissimi, forti e irreali, accentuano il caos dell'immagine.	☐	☐
4	I colori, come le linee, ricreano nel quadro il dinamismo della città.	☐	☐
5	Boccioni vuole tagliare tutti i ponti con il passato.	☐	☐

Il Futurismo di Boccioni

La figura voluminosa e centrale della donna, che guarda dal balcone la strada sottostante al palazzo dove abita, focalizza subito su di sé l'attenzione dell'osservatore e lo porta nel quadro. Subito anche le altre figure catturano lo sguardo dell'osservatore perché gli appaiono tutte insieme contemporaneamente (visioni simultanee, per l'appunto!) gli danno l'impressione di affacciarsi insieme alle donne sulla vita della strada con i suoi rumori e la sua gente.
I palazzi, le strade, gli alberi e le persone sono dipinti caoticamente, si compenetrano, si inclinano in diverse direzioni e hanno forme spigolose, plastiche. Boccioni crea l'illusione della profondità spaziale dall'alto verso il basso, grazie all'inclinazione esagerata del corpo della donna e al fatto che non c'è un unico punto di fuga che focalizza lo sguardo dello spettatore. I colori, tutti vivacissimi, forti e irreali accentuano il caos dell'immagine, e in particolare l'azzurro, la tinta che più spicca, è usata per fondere le figure tra loro e unire l'interno dell'appartamento della donna con il mondo esterno. I colori contribuiscono, quindi, a ricreare nel quadro il dinamismo della città fatto di movimento, lavoro, rumori e luci; è un dinamismo plastico perché le figure hanno volume anche se le parti reali sono fuse con i ricordi di emozioni.
Il dinamismo della città, però, per Boccioni non significa confusione, ma è una vitalità positiva che riflette la crescita della città verso il futuro, verso un nuovo modo di vivere che *taglia tutti i ponti* (quello culturale, quello dello stile di vita ecc.) con il passato. Per concludere, questo quadro rappresenta perfettamente le idee sulla pittura moderna dei pittori del movimento Futurista dei quali Umberto Boccioni è una delle personalità di spicco.

E 37-38

Le parole dell'arte

Il **Futurismo** è un movimento artistico e culturale d'avanguardia (interessa, infatti, anche letteratura, danza, fotografia, cinema ecc.) nato in Italia nel 1909. Con la pubblicazione del *Manifesto Futurista*, il poeta Filippo Tommaso Marinetti dichiara le idee e i programmi del movimento basati sulla rottura con la cultura del passato e la rappresentazione della vita moderna in tutto il suo dinamismo in modo nuovo e originale.

9 **Questi sono alcuni dei princìpi con cui i Futuristi vogliono innovare la pittura italiana... Secondo te, Boccioni li ha applicati in *Visioni simultanee*? Se sì, spiega dove (trova riferimenti nel testo o nel quadro con parole tue).**

1. Cambiare completamente l'arte usando l'originalinalità e non imitando l'arte del passato (cioè del periodo classico, rinascimentale ecc.).
2. La pittura antica è statica, immobile; la nuova pittura (Futurista), invece, deve essere "dinamica", cioè capace di rendere l'idea del movimento e della velocità del mondo moderno.
3. Un modo per rendere sulla tela la velocità consiste nello scomporre e ricostruire le immagini della realtà.

4 Nei quadri futuristi non si deve usare la prospettiva tradizionale, ma moltiplicare i punti di vista per esprimere come ogni figura interagisce con lo spazio circostante.
5 Dinamismo, prospettiva, espressività delle forme devono esprimere una forte emotività e coinvolgere lo spettatore.

(tratto da *Il Manifesto dei Pittori Futuristi*, 1910)

10 **Che cosa pensi di quest'opera? Scrivi solo una frase.**

....

11 **Quali di questi sono i *soggetti* più ricorrenti nei quadri dei Futuristi? Guarda su internet le loro opere e segna quali sono i loro soggetti preferiti.**

Galleria di immagini • I Futuristi

- ☐ i paesaggi di campagna
- ☐ le città
- ☐ i treni
- ☐ il progresso
- ☐ i ritratti
- ☐ il dinamismo
- ☐ i personaggi storici
- ☐ gli aereoplani

12 **Confronta il quadro di Boccioni con quello di un altro pittore futurista. Quali elementi stilistici sono simili? Che cosa è diverso?**

Scheda dell'opera

Autore: ....

Titolo: ....

Data: ....

Tecnica: ....

Dimensioni: ....

Ubicazione: ....

Le Avanguardie del Novecento

Il Futurismo è, insieme all'Espressionismo, al Cubismo ecc. uno dei movimenti culturali nati agli inizi del Novecento e chiamati Avanguardie perché vogliono rinnovare la società e la cultura del tempo guardando "avanti", al futuro. Per le Avanguardie, l'arte deve esprimere il pensiero moderno, diffondere le nuove idee e cambiare il modo di vedere il mondo della società. Perciò, anche se in modo diverso tra loro, tutti questi movimenti rompono con la cultura artistica tradizionale e ne propongono una nuova sia nelle forme estetiche sia nei contenuti.

13 **Indovina il titolo di tre opere di Boccioni.**

1 Una folla di persone si accalca di fronte alla Galleria Umberto II di Milano per vedere una rissa. **Il titolo è** ....

2 La tela è conservata al Museum of Modern Art di New York. Nel quadro ci sono le emozioni e il ricordo di una persona appena partita che ha salutato qualcuno in una stazione. **Il titolo è** ....

3 È una veduta di Milano con uomini e cavalli in primo piano impegnati nella costruzione della città. La loro fatica e il loro dinamismo è espresso con colori forti e accesi, tra cui spicca il rosso. **Il titolo è** ....

Vuoi conoscere meglio Boccioni?

Cercalo su internet e poi scrivi i tuoi appunti in *Biografie degli artisti: i miei appunti*, p. 108.

Schede di approfondimento

1 • Madonna di Foligno

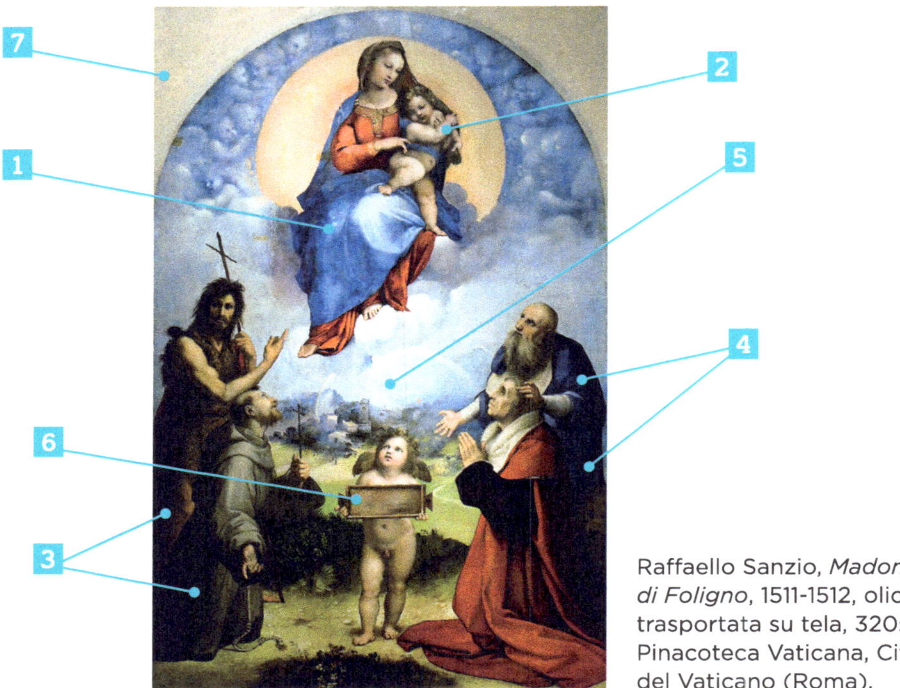

Raffaello Sanzio, *Madonna di Foligno*, 1511-1512, olio su tavola trasportata su tela, 320×194 cm, Pinacoteca Vaticana, Città del Vaticano (Roma).

Storia del quadro. Questo grande quadro è una pala da altare che Raffaello ha dipinto a Roma per la tomba di Sigismondo de' Conti nella Basilica di Santa Maria in Aracoeli. Sigismondo, segretario di papa Giulio II, è il committente del quadro.

1 **Il soggetto** di questa pala è una *Madonna con Bambino, angeli e santi*, ma Raffaello ha cambiato l'iconografia tradizionale: la scena è all'aperto, la Madonna siede in un cerchio dorato, simbolo del sole ed è circondata da angeli. È, quindi, rappresentata come la regina del Cielo, per questo il suo mantello è azzurro, mentre la veste rossa allude al sangue e, quindi, alla morte di Gesù.

2 Gesù Bambino, dal viso bello come quello della Madre, si muove perché la Madonna sembra fargli il solletico. Entrambi i personaggi sono ritratti, infatti, in una posa molto naturale e sono più umani che divini, cosa questa che avvicina il mondo celeste a quello terreno.

3 San Francesco, in ginocchio, si riconosce perché indossa il saio, mentre San Giovanni Battista è, in piedi, vestito con una pelle di cammello. Con i gesti e gli sguardi coinvolgono i fedeli fuori dal quadro nella preghiera alla Madonna.

4 San Girolamo, raffigurato sempre con il leone, suo attributo iconografico, presenta Sigismondo de' Conti alla Madonna. Questi, in ginocchio, ringrazia la Madonna per aver salvato la sua casa a Foligno da un evento eccezionale: non sappiamo se la caduta di un fulmine, un meteorite o di una palla infuocata durante una battaglia.

5 Nel paesaggio sullo sfondo al centro della pala si riconosce, infatti, la città di Foligno, circondata da un misterioso cerchio luminoso: la protezione della Madonna sulla città.

6 **L'interpretazione.** È un'opera per ringraziare (*ex voto*) la Madonna, ma anche forse per ricordare Sigismondo morto poco prima della fine del lavoro di Raffaello. L'angelo mostra, infatti, una targa vuota, senza nessuna scritta che potrebbe significare che Sigismondo è nel mondo celeste delle anime e perciò invisibile.

7 Portato a Parigi da Napoleone alla fine del Settecento, la pala ha subìto un complesso restauro. Al Louvre, infatti, Francois Toussaint Hacquin ha trasportato su tela la pala che Raffaello aveva dipinto su tavola.

2 • Venere dormiente

Giorgione, *Venere dormiente*, 1507-1510 circa, olio su tela, 108,5×175 cm, Gemäldegalerie Alte Meister, Dresda (Germania).

Storia del quadro. Girolamo Marcello commissiona il quadro a Giorgione in occasione del suo matrimonio nel 1507. Purtroppo Giorgione muore di peste a soli 32 anni senza avere terminato il quadro. Il committente chiede allora a Tiziano, allievo di Giorgione, di completarlo.

1 **Il soggetto**, Venere che dorme nuda all'aperto, appare per la prima volta in questo quadro. Un soggetto, inventato proprio da Giorgione, che ha avuto un grande successo ed è stato poi ripreso da molti artisti anche nei secoli successivi.

2 Venere è bellissima e il suo corpo nudo è molto sensuale anche per la posizione delle braccia. Abbandonata al sonno, è inconsapevole della sua bellezza che è parte della natura incantata del paesaggio che la circonda. Chi guarda questo quadro ha l'impressione di avere davanti la visione suggestiva di un sogno.

3 Tiziano ha modificato il panneggio sotto il corpo di Venere ed è sicuramente l'autore del cielo e del bellissimo paesaggio, molto simili a quelli che ha dipinto in altri suoi quadri.

4 **L'interpretazione.** Il quadro è sicuramente un'allegoria legata al matrimonio sia perché c'è Venere da cui la famiglia Marcello diceva di discendere, sia perché dominano il rosso e il bianco che erano i colori dei vestiti da sposa dell'epoca. Una radiografia del quadro nel 1932 ha rivelato, inoltre, che ai piedi di Venere c'era Cupido, poi nascosto dall'erba, che forse svegliava la dea per farle benedire gli sposi.

3 • Maestà di Duccio

Duccio di Buoninsegna, *Madonna in trono col Bambino e angeli (Madonna o Pala Rucellai o dei Laudesi)*, 1285, tempera e oro su tavola, 290×450 cm, Firenze, Galleria degli Uffizi.

Storia del quadro. La Compagnia dei Laudesi commissiona questa grande pala d'altare per la Chiesa di Santa Maria Novella a Firenze nel 1285. Per molti secoli gli storici dell'arte hanno indicato come suo autore il pittore Cimabue, ma oggi, invece, sono tutti d'accordo nell'attribuirla sicuramente a Duccio. Il nome Rucellai viene dalla Cappella Rucellai in cui è stata a lungo esposta fino a quando è stata portata agli Uffizi.

1 **Il soggetto** è una Madonna col Bambino in trono raffigurata come una regina, detta perciò *Maestà*, dipinta seguendo il modello iconografico bizantino.

2 I sei angeli che circondano la Madonna sono perfettamente simmetrici e hanno una funzione solo decorativa. Tutte le figure, come è tipico dello stile bizantino, non sono tridimensionali e realistiche, ma solo simboliche.

3 La Madonna non è rigida e solenne come le altre Madonne bizantine. Il volto ha lineamenti più dolci e raffinati, esprime una gentilezza e un'umanità che rivelano influenze dello stile gotico.

4 Altre influenze dello stile gotico sono il bordo dorato del manto della Madonna perché è una linea che suggerisce un movimento elegante, i colori intensi e vari, le aureole dai raffinati motivi decorativi, le decorazioni sul trono e sul tessuto dietro la Madonna.

5 **L'interpretazione.** L'iconografia della Madonna in Maestà ha avuto un grande successo tra il 1200 e il 1300 sia su affresco che su tavola dove veniva usato oro vero in foglia per rendere più preziosa l'immagine.

4 • Nascita di Venere

Sandro Botticelli, *La nascita di Venere*, 1484-1486 circa, tempera su tela, 278×172 cm, Galleria degli Uffizi, Firenze.

Storia del quadro. Botticelli ha dipinto questo quadro forse per uno dei cugini di Lorenzo il Magnifico, insieme ad altri quadri con soggetti mitologici, tra questi la *Primavera*. Giorgio Vasari racconta, infatti, di aver visto insieme questi due quadri nella villa di Castello nel 1550. La *Nascita di Venere* è nella Galleria degli Uffizi dal 1815.

1 **Il soggetto del quadro** rappresenta l'antico mito greco che racconta la nascita di Venere dal mare e il suo arrivo sull'isola di Cipro, l'isola di Venere.

2 La posa di Venere riprende l'iconografia classica della *Venus Pudica*, Venere completamente nuda che si copre le parti intime. Il volto, però, è forse il ritratto di Simonetta Vespucci, una bellissima nobildonna fiorentina, morta a soli 23 anni, famosa per la sua bellezza e amante di Giuliano de' Medici.

3 Questo personaggio è stato identificato come Ora, un'ancella di Venere, che aspetta la dea sulla riva per vestirla con un magnifico mantello fiorito.

4 Zefiro, il vento di primavera, abbracciato a Clori (o ad Aura), sospinge con il suo soffio fecondo la conchiglia su cui si trova Venere verso la riva.

5 **L'interpretazione** di quest'opera allegorica è legata alla filosofia neoplatonica: la nascita dell'Amore e della bellezza (Venere) è energia della natura (il risveglio della primavera) che dà vita. Venere è nuda perché rappresenta la purezza dell'anima, perciò la sua bellezza è spirituale, non fisica. Botticelli vuole, quindi, celebrare i Medici come la famiglia che ha portato a Firenze la cultura e l'interesse per una nuova bellezza.

6 Il quadro è dipinto su una doppia tela di lino ricoperta con uno strato di gesso leggermente colorato di blu che dà un tono azzurro a tutto il dipinto.

7 I colori sono a tempera, ma estremamente luminosi con lumeggiature di oro vero soprattutto nei capelli di Venere e Ora.

8 Il collo di Venere è un po' troppo lungo perché Botticelli vuole rappresentare una bellezza e un'armonia ideale più che la precisione dell'anatomia.

5 • La Velata

Raffaello, *Ritratto di donna* (*Velata*), 1513, olio su tavola, 64×85 cm, Firenze, Galleria Palatina.

Storia del quadro. Nel 1619 il Granduca Cosimo II de' Medici eredita questo ritratto dal mercante Matteo Botti e da allora il quadro è sempre stato nella collezione d'arte dei Medici di Palazzo Pitti. È ancor oggi sconosciuto il nome del committente e anche della donna ritratta.

1 **Il soggetto del quadro** è il ritratto di una donna molto bella ed elegante che, alcuni studiosi, identificano con Margherita Luti, amante e modella preferita di Raffaello, ritratta anche nella *Madonna Sistina* e in molti altri suoi quadri. Margherita Luti era conosciuta con il soprannome di *Fornarina* perché suo padre era un fornaio.

2 La donna emerge dal fondo scuro e sembra appoggiare il braccio sinistro a una balaustra, posa questa che mette in evidenza la manica rigonfia dell'elegante abito che indossa, di cui il pittore ha dipinto nei minimi particolari anche le pieghe.

3 Le varie tonalità di bianco dell'abito sono impreziosite dai dettagli dorati e creano un suggestivo contrasto cromatico con i capelli della donna e con lo sfondo. Ogni parte del dipinto è messa in risalto dal sapiente uso della luce.

4 La donna ha le spalle spioventi per motivi formali: le spalle seguono, infatti, le linee del velo e delle maniche e danno alla figura la forma di un perfetto triangolo.

5 La donna indossa diversi preziosi gioielli tra cui quello nei capelli con la perla pendente, presente anche in altri quadri di Raffaello.

6 **L'interpretazione.** Probabilmente non è il ritratto ufficiale di una nobile, ma raffigura solo un esempio, più o meno ideale, di bellezza femminile dell'epoca: una donna che doveva essere moglie e madre. La donna ritratta ha, infatti, il capo velato come di solito lo portavano le donne sposate e con figli, in richiamo all'immagine della Madonna; anche il gioiello nei capelli era spesso un regalo di fidanzamento o di matrimonio, mentre la mano sul petto allude al fatto che la donna era molto religiosa. In questo ritratto, dunque, la bellezza della donna coincide con la devozione della sposa.

6 • La buona ventura

Michelangelo Merisi da Caravaggio, *La buona ventura* (prima versione), 1593-1595, olio su tela, 115x150 cm, Pinacoteca Capitolina, Roma.

Storia del quadro. Caravaggio aveva 25 anni ed era arrivato da poco a Roma quando ha dipinto questo quadro nella bottega del Cavalier D'Arpino dove lavorava come pittore. Il dipinto, eseguito per il cardinale Del Monte, suo primo grande committente e ammiratore, fa parte delle collezioni d'arte dei Musei Capitolini dal 1750 circa.

1 **Il soggetto**, come dice il titolo, raffigura una zingara che legge la mano a un giovane nobile per predirgli la futura buona ventura (= fortuna). In realtà, però, mentre la zingara tocca la mano del giovane gli sfila l'anello dal dito, particolare questo che, purtroppo, oggi non si vede più tanto bene.

2 La zingara, vestita in modo esotico con un turbante in testa, è una popolana come rivelano le sue unghia sporche. Ha fermato il giovane e lo ha convinto a farsi leggere la mano, poi, mentre gli sorride benevola, gli ruba l'anello con fare sicuro.

3 Il giovane, dall'aspetto ricco ed elegante, il viso paffuto e l'espressione ingenua, non si accorge di quello che la zingara sta facendo perché la sua attenzione è catturata dallo sguardo della ragazza, uno sguardo malizioso che contrasta con il suo.

4 La piuma del cappello del giovane, floscia come il suo carattere, la posa e l'abbigliamento di entrambi i personaggi raffigurati nei minimi dettagli, contribuiscono a rivelarci chi sono veramente, il loro modo di vivere e di pensare.

5 **L'interpretazione.** Il dipinto raffigura una scena tratta dalla vita quotidiana (cioè una *scena di genere*) dove i modelli sono stati, molto probabilmente, ritratti dal vivo, cosa che rende la scena ancor più realistica. La scena, in realtà, vuole far riflettere l'osservatore sul comportamento da tenere nella vita: non fidarsi mai degli sconosciuti, anche se sembrano avere buone intenzioni.

6 Caravaggio ha dipinto, qualche anno più tardi, un quadro molto simile a questo che è esposto al Louvre.

7 • Bacco

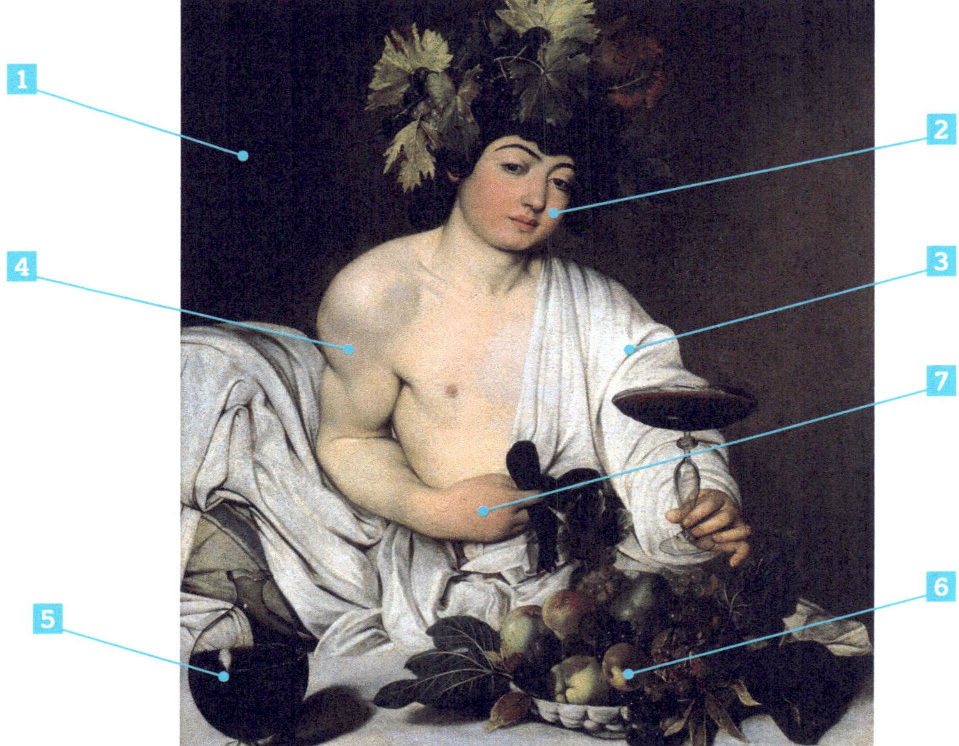

Michelangelo Merisi da Caravaggio, *Bacco*, 1596-1597, olio su tela, 95×85 cm, Galleria degli Uffizi, Firenze.

Storia del quadro. Questo quadro è stato commissionato al giovane Caravaggio dal cardinale Del Monte, suo primo grande committente e ammiratore, per farne un regalo al Granduca Ferdinando I de' Medici di Firenze.

1 **Il soggetto** è mitologico: si tratta di Bacco, il dio del vino, facilmente riconoscibile da alcuni suoi tipici attributi iconografici come la corona di foglie di vite in testa, la coppa di vino, la posa sensuale ecc.

2 La carnagione bianca, il viso pieno e arrossato dal vino bevuto ci fanno capire che Bacco conduce una vita pigra e libera. Placido e un po' ubriaco, Bacco invita l'osservatore a partecipare al suo banchetto offrendogli il vino appena versato nella coppa (da vicino si vedono perfino le bollicine del vino).

3 Bacco è raffigurato come un giovane qualunque che si è travestito avvolgendosi in un lenzuolo per imitare la veste romana come in una statua antica. La figura mitologica del dio non è, quindi, idealizzata come in passato, ma è naturale, spontanea e molto realistica.

4 Secondo gli studiosi, il ragazzo che ha posato per questo quadro potrebbe essere Mario Minniti, amico e, forse, anche amante di Caravaggio; secondo altri, è lo stesso Caravaggio che si è autoritratto aiutandosi con uno specchio.

5 Le radiografie fatte al quadro hanno rivelato che nella caraffa del vino è raffigurato il volto di un uomo che, quasi certamente, è l'autoritratto di Caravaggio.

6 Anche la frutta e le foglie nel canestro sono raffigurate in modo incredibilmente realistico: hanno i segni delle imperfezioni proprie della natura quando il tempo passa.

7 **Le interpretazioni** di questo dipinto sono diverse e tutte si basano sul fatto che il significato del quadro è sicuramente allegorico. Alcuni studiosi lo interpretano in chiave cristiana (Bacco alluderebbe a Cristo che salva gli uomini), altri, invece, ci vedono chiari riferimenti alla filosofia neoplatonica rinascimentale (per cui il fiocco nero che Bacco ha nella mano destra vicino all'ombelico rappresenterebbe il nodo che unisce Dio all'uomo), altri ancora all'omosessualità dell'artista. Probabilmente, però, Bacco è stato scelto come simbolo dell'amicizia come era intesa dall'antico poeta romano Orazio: l'amicizia conforta gli uomini perché regala loro momenti felici e spensierati.

8 • Paolo e Francesca

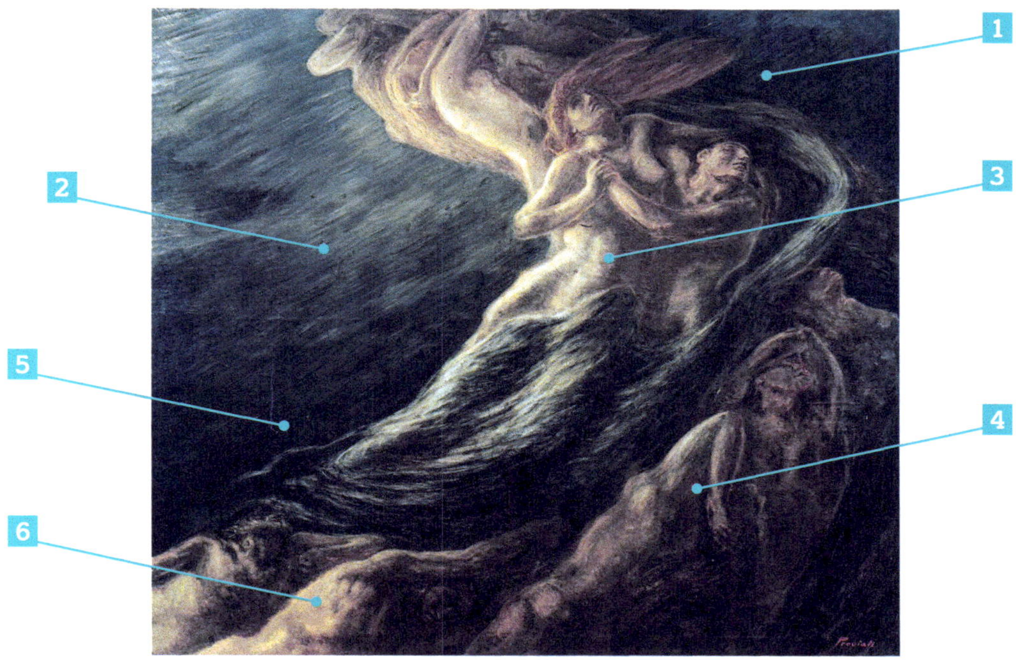

Gaetano Previati, *Paolo e Francesca*, 1909, olio su tela, 230×260 cm, Museo dell'Ottocento, Ferrara.

Storia del quadro. Questo dipinto è stato presentato la prima volta nel 1909 alla VIII Biennale di Venezia, una importante esposizione d'arte internazionale contemporanea che si svolge a Venezia ogni due anni. In quella occasione, però, non ha ricevuto critiche positive, contrariamente a quello che è successo più tardi a Ferrara, dove è stato molto apprezzato e per questo comprato dal museo.

1 **Il soggetto** si ispira alla tragica storia di due amanti, Paolo e Francesca, raccontata nella *Divina Commedia* (1306-1321) dal poeta Dante Alighieri. La storia vera di questi due cognati amanti, scoperti e uccisi dal marito di Francesca, che era il fratello di Paolo, è diventata una delle storie d'amore più famose della letteratura italiana proprio grazie a Dante. Nell'Ottocento c'è stato un grande interesse per l'opera di Dante e per la storia dei due amanti, tant'è che lo stesso Previati ne aveva già dipinto un quadro nel 1887.

2 Nel quadro è raffigurata la scena che Dante descrive nella *Divina Commedia*, poema in cui racconta del suo viaggio immaginario nell'aldilà. All'inferno, tra le anime dei dannati, Dante incontra Paolo e Francesca che gli raccontano la loro tragica storia d'amore (Canto V).

3 Previati raffigura la visione di Dante rappresentando il tormento delle anime che, in un intreccio di forme, salgono come in un vortice che sembra continuare fuori dal quadro. I due amanti si abbracciano restando uniti nella pena a cui sono stati condannati per l'eternità.

4 Le figure che si muovono con Paolo e Francesca sono le anime di altre persone che, come loro, sono stati condannati all'inferno perché lussuriosi, cioè si sono abbandonate senza controllo al piacere sessuale.

5 Le anime emergono dallo sfondo scuro del quadro come all'improvviso. I colori chiari e le pennellate luminose che ritraggono i corpi creano un forte contrasto con lo sfondo che accentua l'atmosfera cupa e angosciante della scena.

6 **L'interpretazione** di questo quadro si basa, più che sul soggetto, sull'innovativo stile pittorico di Previati. Attraverso i giochi di luce e ombra e il senso del movimento, Previati riesce a creare un'immagine fortemente evocativa e drammatica, capace di suggestionare.

Tesori d'arte italiana

1 **Quale delle opere che abbiamo studiato ti è piaciuta di più e perché?**

....

....

....

....

....

....

....

....

....

2 **Le opere d'arte e gli artisti che abbiamo studiato sono legati ad alcune città italiane, indovina quali sono!**

1 La città della *Venere* di Tiziano: ....

2 La città famosa per i suoi mosaici: ....

3 La città della Cappella degli Scrovegni: ....

4 La città che ospita i *Bronzi di Riace*: ....

5 La città culla del Rinascimento: ....

6 La capitale d'Italia e dell'arte italiana: ....

7 La città di Tiziano e della pittura tonale: ....

8 La città che ospita *Il riposo* di Fattori: ....

9 La città con il Palazzo dei Diamanti: ....

Cerca queste città su internet e scopri quali tesori d'arte ci sono!

3 **Parliamone.**

1 Quale di queste città ti piacerebbe visitare e che cosa, in particolare, vorresti andare a vedere?

2 Ci sono altri luoghi d'arte in Italia che ti piacerebbe visitare? Quali sono? Che cosa vorresti andare a vedere e perché?

Biografie degli artisti: i miei appunti

Tiziano

Nome e cognome: ....

Data e luogo di nascita: ....

Data e luogo di morte: ....

Dove e quando ha cominciato a dipingere: ....

Il suo maestro è stato: ....

Il titolo di tre suoi capolavori:

1 ....

2 ....

3 ....

Il genere dei suoi quadri: ....

Una caratteristica del suo stile: ....

....

Il quadro che preferisci: ....

Altro (una tua annotazione): ....

....

Raffaello

Nome e cognome: ....

Data e luogo di nascita: ....

Data e luogo di morte: ....

Dove e quando ha cominciato a dipingere: ....

Il suo maestro è stato: ....

Il titolo di tre suoi capolavori:

1 ....

2 ....

3 ....

Il genere dei suoi quadri: ....

Una caratteristica del suo stile: ....

....

Il quadro che preferisci: ....

Altro (una tua annotazione): ....

....

Giotto

Nome e cognome: ....

Data e luogo di nascita: ....

Data e luogo di morte: ....

Dove e quando ha cominciato a dipingere: ....

Il suo maestro è stato: ....

Il titolo di tre suoi capolavori:

1 ....

2 ....

3 ....

Il genere dei suoi quadri: ....

....

Una caratteristica del suo stile: ....

....

Il quadro che preferisci: ....

Altro (una tua annotazione)**:** ....

....

....

Masaccio

Nome e cognome: ....

Data e luogo di nascita: ....

Data e luogo di morte: ....

Dove e quando ha cominciato a dipingere: ....

Il suo maestro è stato: ....

Il titolo di tre suoi capolavori:

1 ....

2 ....

3 ....

Il genere dei suoi quadri: ....

....

Una caratteristica del suo stile: ....

....

Il quadro che preferisci: ....

Altro (una tua annotazione)**:** ....

....

....

Botticelli

Nome e cognome: ....

Data e luogo di nascita: ....

Data e luogo di morte: ....

Dove e quando ha cominciato a dipingere: ....

Il suo maestro è stato: ....

Il titolo di tre suoi capolavori:

1 ....

2 ....

3 ....

Il genere dei suoi quadri: ....

....

Una caratteristica del suo stile: ....

....

Il quadro che preferisci: ....

Altro (una tua annotazione)**:** ....

....

....

Leonardo

Nome e cognome: ....

Data e luogo di nascita: ....

Data e luogo di morte: ....

Dove e quando ha cominciato a dipingere: ....

Il suo maestro è stato: ....

Il titolo di tre suoi capolavori:

1 ....

2 ....

3 ....

Il genere dei suoi quadri: ....

....

Una caratteristica del suo stile: ....

....

Il quadro che preferisci: ....

Altro (una tua annotazione)**:** ....

....

....

Caravaggio

Nome e cognome: ....

Data e luogo di nascita: ....

Data e luogo di morte: ....

Dove e quando ha cominciato a dipingere: ....

Il suo maestro è stato: ....

Il titolo di tre suoi capolavori:

1 ....

2 ....

3 ....

Il genere dei suoi quadri: ....

....

Una caratteristica del suo stile: ....

....

Il quadro che preferisci: ....

Altro (una tua annotazione): ....

....

....

Canaletto

Nome e cognome: ....

Data e luogo di nascita: ....

Data e luogo di morte: ....

Dove e quando ha cominciato a dipingere: ....

Il suo maestro è stato: ....

Il titolo di tre suoi capolavori:

1 ....

2 ....

3 ....

Il genere dei suoi quadri: ....

....

Una caratteristica del suo stile: ....

....

Il quadro che preferisci: ....

Altro (una tua annotazione): ....

....

....

Fattori

Nome e cognome: ....

Data e luogo di nascita: ....

Data e luogo di morte: ....

Dove e quando ha cominciato a dipingere: ....

Il suo maestro è stato: ....

Il titolo di tre suoi capolavori:

1 ....

2 ....

3 ....

Il genere dei suoi quadri: ....

....

Una caratteristica del suo stile: ....

....

Il quadro che preferisci: ....

Altro (una tua annotazione): ....

....

....

Previati

Nome e cognome: ....

Data e luogo di nascita: ....

Data e luogo di morte: ....

Dove e quando ha cominciato a dipingere: ....

Il suo maestro è stato: ....

Il titolo di tre suoi capolavori:

1 ....

2 ....

3 ....

Il genere dei suoi quadri: ....

....

Una caratteristica del suo stile: ....

....

Il quadro che preferisci: ....

Altro (una tua annotazione): ....

....

....

Boccioni

Nome e cognome: ....

Data e luogo di nascita: ....

Data e luogo di morte: ....

Dove e quando ha cominciato a dipingere: ....

Il suo maestro è stato: ....

Il titolo di tre suoi capolavori:

1 ....

2 ....

3 ....

Il genere dei suoi quadri: ....

....

Una caratteristica del suo stile: ....

....

Il quadro che preferisci: ....

Altro (una tua annotazione): ....

....

....

Eserciziario
di lingua
e grammatica

Eserciziario di lingua e grammatica

Unità 1

1 **Completa con il maschile o con il femminile e l'articolo corrispondente.**

Maschile	Femminile
1	la pittrice
2 lo scultore	....
3 lo scrittore	....
4	la collezionista
5 l'autore	....
6 l'architetto	....
7 il personaggio	....
10	l'artista

2 **Non solo "*fare*"! Abbina le frasi della prima colonna ai verbi corrispondenti.**

1 fare un quadro	☐ **a** disegnare
2 fare una scultura	☐ **b** creare, ideare, realizzare, eseguire
3 fare un disegno	☐ **c** ritrarre
4 fare un ritratto	☐ **d** dipingere
5 fare un'opera	☐ **e** scolpire

3 **Completa la coniugazione al presente indicativo dei seguenti verbi.**

	1 disegnare	2 eseguire	3 creare	4 ritrarre	5 realizzare	6 dipingere
io	....	....	creo	....	....	....
tu	disegni	....	....	....	....	....
lui	....	esegue	....	....	....	....
noi	....	....	ritraiamo	....	....	....
voi	....	....	....	....	....	dipingete
loro	....	....	....	....	realizzano	....

4 **Trova il participio passato dei seguenti verbi.**

Per esempio: fare → fatto

1 dipingere ....
2 creare ....
3 disegnare ....
4 ideare ....
5 scolpire ....
6 ritrarre ....
7 realizzare ....
8 eseguire ....
9 collezionare ....
10 commissionare ....
11 raccontare ....

5 **Completa i sostantivi della prima colonna con la sillaba mancante e poi abbinali al verbo corrispondente.**

1	di pin to	☐ a	rappresentare
2	realizza.........ne	☐ b	eseguire
3	rappresen.........zione	☐ c	ritrarre
4	e.........cuzione	☐ d	dipingere
5	creazio.........	☐ e	scolpire
6	.........segno	☐ f	realizzare
7	ri.........tto	☐ g	creare
8	scul.........ra	☐ h	disegnare

6 **Completa il cruciverba e indovina la parola nello spazio verde.**

1 Dove si trova l'opera.
2 Lavoratore esperto.
3 Chi dipinge.
4 Nome dell'opera.
5 Grandezza e altezza.
6 Quadro.
7 Laboratorio.

Soluzione: ....

7 **Leggi le definizioni. A quale *genere pittorico* si riferiscono? Completa usando le seguenti parole.**

paesaggio • genere storico • ritratto • allegoria • pittura di genere • arte sacra • natura morta • genere mitologico

1 genere mitologico: rappresentazione di personaggi e storie mitologiche
2 ....: rappresentazione di immagini religiose
3 ....: rappresentazione pittorica di una persona
4 ....: rappresentazione pittorica di fiori, frutta e oggetti
5 ....: rappresentazione di ambienti all'aperto
6 ....: l'immagine nasconde un altro significato, diverso da quello che si vede
7 ....: rappresentazione di eventi e personaggi della storia
8 ....: rappresentazione di scene della vita quotidiana

8 **Osserva questo quadro e scegli la risposta giusta.**

Questo quadro è:

☐ **a** un'allegoria
☐ **b** una natura morta
☐ **c** un ritratto

Si dice...

Il quadro è un'allegoria
o è di genere allegorico.
(Il quadro) è un paesaggio
o è di genere paesaggistico.

9 Trova il sinonimo delle seguenti parole.

1 **misura**
- ☐ **a** dimensione
- ☐ **b** rigidità
- ☐ **c** bellezza

2 **ubicazione**
- ☐ **a** collezione
- ☐ **b** collocazione
- ☐ **c** sistemazione

3 **esecuzione**
- ☐ **a** esenzione
- ☐ **b** esperienza
- ☐ **c** realizzazione

10 Che cosa usa il pittore per fare un quadro? Completa le parole spezzate con le sillabe giuste.

tto ta tti ta ri ra lli no lio la

1 i colo..........
2 la te..........
3 il cavalle..........
4 la car..........
5 i penne..........
6 i tube.......... di colore
7 i colori a o..........
8 i colori a tempe..........
9 la mati..........
10 il carbonci..........

11 Rispondi alle domande.

1 Come si chiama chi crea un'opera d'arte? ....
2 Come si dice il *nome* del quadro? ....
3 Come si chiamano grandezza e altezza di un quadro? ....
4 Come si chiama chi ordina e paga per avere un quadro? ....
5 Come si dice dove si trova un quadro? ....
6 Come si chiama il tipo di immagine che c'è nel quadro? ....
7 Come si chiama la categoria di cui fa parte un quadro? ....
8 Che cosa sono i *dati dell'opera*? ....

12 Abbina le parole della prima colonna alla definizione corrispondente.

1 soggetto di un'opera d'arte
2 autoritratto
3 rappresentazione pittorica
4 tecnica pittorica
5 opera figurativa

- ☐ **a** opera con figure
- ☐ **b** immagine principale di un quadro, il tema
- ☐ **c** modo che l'artista usa per fare un'opera figurativa
- ☐ **d** rappresentazione pittorica di se stessi
- ☐ **e** riproduzione della realtà attraverso la pittura

13 Come si dice in...? Traduci nella tua lingua le parole dell'arte di questa unità.

1 L'opera d'arte: ....
2 La pittura: ....
3 Il quadro: ....
4 Il pittore: ....
5 Il committente: ....
6 Lo storico: ....
7 Il soggetto: ....
8 Il ritratto: ....
9 La rappresentazione pittorica: ....
10 I generi pittorici: ....
11 L'allegoria: ....
12 La tecnica pittorica: ....
13 L'opera figurativa: ....
14 I dati dell'opera: ....

Unità 2

1 Come sono? Metti le seguenti parole nel gruppo giusto.

sciolti • paffuto • spettinati • biondi • ovale • esile • chiara • lunghi • scura • olivastra • castani • neri • dolce • regolare • corti • grossa • pettinati

1 I capelli... ....
2 Il viso... ....
3 La carnagione... ....
4 La corporatura... ....

2 Di quale parte del corpo si tratta? Completa le frasi con le parole date.

spalle • piedi • guance • nuca • gamba • schiena • mano • braccia • viso • testa • mento

1 I capelli di Santa Barbara sono raccolti sulla ....
2 Il manto copre le .... e la .... della santa.
3 La Madonna è senza scarpe, cammina a .... nudi.
4 I lineamenti del .... della Madonna sono dolci e regolari.
5 Gesù Bambino ha una .... piegata.
6 L'angioletto a destra ha le .... incrociate, l'angelo a sinistra si sorregge la .... con la ....
7 La barba copre il .... e le .... di San Sisto.

3 Completa le frasi con i colori, e fai attenzione alla concordanza con i nomi!

1 La *Madonna* ha i capelli ...., indossa una lunga veste ...., un manto .... e un velo .... [rosso • azzurro • castano • beige]
2 *Gesù Bambino* ha i capelli .... e le guance .... [rosa • biondo]
3 *Santa Barbara* indossa una veste .... con le maniche .... e ...., un manto .... [giallo • verde • blu • celeste]
4 *San Sisto* indossa un manto color .... su una veste ....; l'interno del manto è .... [bianco • oro • arancione]
5 Gli *angioletti* hanno le ali .... con qualche penna .... [marrone • nero]
6 Tutto intorno ci sono nuvole .... e .... [grigio • bianco]

4 Scrivi il plurale dei seguenti colori come nell'esempio.

1 azzurra azzurre
2 verde ....
3 nero ....
4 celeste ....
5 rosa ....
6 grigia ....
7 giallo ....
8 blu ....
9 marrone ....
10 viola ....
11 lilla ....
12 bianca ....
13 beige ....
14 arancione ....

La tavolozza dei colori.

5 **Come sono i colori? Abbina ogni aggettivo al suo contrario.**

1
- 1 chiaro
- 2 opaco
- 3 luminoso

- ☐ a buio
- ☐ b scuro
- ☐ c brillante

2
- 1 intenso
- 2 caldo
- 3 smorto

- ☐ a sgargiante
- ☐ b leggero
- ☐ c freddo

3
- 1 acceso
- 2 cupo
- 3 forte

- ☐ a debole
- ☐ b spento
- ☐ c carico

4
- 1 lieve
- 2 vibrante
- 3 bizzarro

- ☐ a normale
- ☐ b tenue
- ☐ c deciso

6 **Indovina i colori e completa il cruciverba.**

Qual è il colore...

1 ... del sole.
2 ... del fuoco.
3 ... della terra.
4 ... della neve.
5 ... del cielo.
6 ... del cielo in inverno.
7 ... che ha il nome di un fiore.
8 ... del petrolio.
9 ... del prato.

7 ***A* o *in*? Metti le seguenti parole nel gruppo giusto.**

braccio • piedi • ginocchio • alto • lato • sinistra • testa • terra • primo piano

1 **a...** ....
2 **in...** ....

8 **Guarda il quadro della *Madonna di Foligno* e rispondi alle domande.**

1 Quali figure sono...
- 1 ... di tre quarti? ....
- 2 ... di fronte/frontale? ....
- 3 ... di profilo? ....

2 Chi è...
- 1 ... in piedi? ....
- 2 ... in ginocchio? ....
- 3 ... seduto? ....

3 Chi guarda...
- 1 ... in basso? ....
- 2 ... in alto? ....
- 3 ... davanti? ....

a b c d e f g

9 Scrivi il contrario delle seguenti parole.

1 davanti ....
2 meno ....
3 a destra ....
4 su ....
5 senza ....
6 al centro ....
7 dopo ....
8 sotto ....
9 fuori ....
10 in alto ....

10 Guarda questi quadri e rispondi alle domande con le parole date.

primo piano • mezza figura/mezzo busto • ritratti • a figura intera

a .... b .... c ....

1 Che genere di dipinti sono? ....
2 Come sono ritratte queste figure? ....

11 Guarda ancora i ritratti dell'esercizio 10 e rispondi come nell'esempio 1.

1 Chi ha il cappello? a e b
2 Chi sorride? ....
3 Chi indossa una camicia bianca? ....
4 Chi è vestito di nero? ....
5 Chi ha un abito scollato? ....
6 Chi ha un abito accollato? ....
7 Chi ha la barba? ....
8 Chi ha i capelli lunghi e lisci? ....
9 Chi incrocia le mani? ....
10 Chi si appoggia a una colonna? ....

12 Trova l'intruso.

1 vestito
- ☐ a veste
- ☐ b indumento
- ☐ c strumento

2 faccia
- ☐ a facciata
- ☐ b viso
- ☐ c volto

3 busto
- ☐ a fusto
- ☐ b tronco
- ☐ c torso

4 colore
- ☐ a tono
- ☐ b cromia
- ☐ c dolore

13 Cerca nel testo che descrive la *Madonna Sistina* (Unità 2, attività 8, p. 13) le parole che hanno lo stesso significato come nell'esempio 1.

1 molto famoso = famosissimo
2 chi guarda il quadro = ...
3 parte che sta dietro = ...
4 un tipo di angelo = ...
5 tutti e due = ...
6 forte sentimento religioso = ...
7 chi segue una fede religiosa = ...
8 mettere fuori la faccia = ...
9 piccolo angelo = ...
10 il cappello del papa = ...

14 **Trova l'infinito dei verbi del testo (Unità 2, attività 8, p. 13).**

1 c'è ....
2 appare ....
3 si apre ....
4 cammina ....
5 scende ....
6 guardando ....
7 è ....
8 ha ....
9 indica ....
10 si affacciano ....
11 ha appoggiato ....

15 **Completa la coniugazione del verbo *affacciarsi* con i pronomi riflessivi scritti di seguito.**

si • vi • si • ti • ci • mi

1 .... affaccio
2 .... affacci
3 .... affaccia
4 .... affacciamo
5 .... affacciate
6 .... affacciano

16 **Rifletti su queste frasi tratte dal testo (Unità 2, attività 8, p. 13) e scegli la risposta giusta.**

1 "La Madonna appare quando la tenda verde **si apre**."
- ☐ **a** la Madonna apre la tenda
- ☐ **b** la tenda si apre da sola (non sappiamo chi la apre)

2 "La Madonna **scende** dal cielo **guardando** verso di noi osservatori."
- ☐ **a** mentre scende guarda verso di noi
- ☐ **b** prima scende e poi guarda verso di noi

17 **Completa le frasi con le preposizioni giuste.**

1 L'angelo è fermo .... piedi .... centro del quadro.
2 La Madonna è seduta .... nuvole.
3 La Madonna scende .... cielo con .... braccio Gesù Bambino.
4 San Sisto indica i fedeli .... una mano e ha l'altra mano .... petto.
5 Le nuvole .... sfondo hanno la forma della testa .... cherubini.

18 **Confronta la *Madonna Sistina* con la *Madonna di Foligno* e segna che cosa è simile (✓) e che cosa è diverso (✗).**

	✓	✗
1 il soggetto	☐	☐
2 il tipo di rappresentazione	☐	☐
3 i protagonisti	☐	☐
4 i personaggi	☐	☐
5 la posizione della Madonna	☐	☐
6 gli angeli	☐	☐
7 la posizione dei santi	☐	☐
8 i gesti dei santi	☐	☐
9 il cielo	☐	☐
10 lo sfondo	☐	☐
11 la posizione del Bambin Gesù	☐	☐

19 **Nella *Madonna Sistina* riconosciamo Santa Barbara perché c'è un suo tipico attributo iconografico. Cerca su internet la storia di questa santa e rispondi alle domande.**

1 Di quale attributo iconografico di Santa Barbara si tratta? ....
2 Perché è un attributo iconografico di questa santa? ....
3 Che cosa significa? ....

20 **Leggi e riordina le parole, poi trova i nomi di altri temi iconografici dell'arte sacra italiana.**

1 La nascita di Gesù. **vi-ti-Na-tà** Natività
2 La morte di Gesù. **fis-Cro-sio-ci-ne** ....
3 La prima cerimonia sacra di Cristo. **te-mo-si-Bat** ....
4 L'annuncio dell'angelo a Maria. **An-cia-zio-ne-nun** ....
5 La morte della martire Santa Barbara. **ti-Mar-rio** ....

21 **Rispondi con sì o no.**

		SÌ	NO
1	Il *particolare* di un quadro è la parte più importante?	☐	☐
2	La *posizione* è il luogo dove si trova una figura?	☐	☐
3	Lo *sfondo* è la parte che sta davanti alle figure?	☐	☐
4	Il *protagonista* è il personaggio principale di un'opera?	☐	☐
5	Il/La *martire* è una persona morta per la sua fede religiosa?	☐	☐
6	Il *tema iconografico* è l'argomento, il soggetto del quadro?	☐	☐
7	L'*arte profana* è l'arte che non raffigura soggetti religiosi come la Madonna, Gesù e i Santi?	☐	☐

22 **Come si dice in...? Traduci nella tua lingua le parole dell'arte di questa unità.**

1 Il primo piano di un ritratto: ....
2 Il primissimo piano di un ritratto: ....
3 Un ritratto a mezza figura: ....
4 Un ritratto a mezzo busto: ....
5 Un ritratto a figura intera: ....
6 Il particolare o il dettaglio: ....
7 La posizione: ....
8 Il piano della rappresentazione pittorica: ....
9 Il primo piano: ....
10 Il primissimo piano: ....
11 Lo sfondo: ....
12 Il personaggio: ....
13 Il protagonista: ....
14 Il/La martire: ....
15 L'iconografia: ....
16 Il tema iconografico: ....
17 L'attributo iconografico: ....
18 L'arte profana: ....
19 L'arte sacra: ....

Unità 3

1 **Trova nell'immagine le parole elencate.**

materasso
lenzuolo
cuscini
braccia
colonna
polso
inguine
seno
cane
caviglia

tenda
pavimento
finestra
cassapanca
letto
arazzo
parete
vaso
treccia
abito

2 **Scegli la parola adatta a descrivere le parti del corpo della *Venere di Urbino*.**

1 Il viso è ....

regolare • irregolare • tondo • squadrato • ovale • scarno • paffuto

2 I capelli sono ....

lisci • ondulati • brizzolati • ramati • folti • sciolti • acconciati

3 Gli occhi sono ....

miopi • vispi • sognanti • sbarrati • attraenti

4 Le gambe sono ....

lunghe • affusolate • snelle • grosse

5 Le caviglie sono ....

gonfie • grosse • sottili

6 La posizione del corpo è ....

naturale • artificiosa • sensuale • ufficiale • rigida

3 **Leggi il seguente testo.**

1 **Trova le venti parole sbagliate nel testo e sottolineale.**
In questo quadro sconosciuto di Tiziano è raffigurata una bellissima donna distesa nuda su un divano in una posa molto casta. La parte inferiore del corpo poggia su due cuscini, il braccio sinistro è piegato e nella mano stringe delle rose, con la mano sinistra, invece, si copre il seno. Un gattino dorme vicino alle sue gambe incrociate. La donna, che ha lunghi capelli neri pettinati in una treccia che le gira intorno alla testa e legati sulle spalle, guarda davanti verso il suo osservatore. Alle sue spalle una tenda leggera di colore scuro unisce la scena che è ambientata nel cortile di una casa modesta e plebea. Sullo sfondo in piedi a destra c'è la padrona di casa che tiene sul braccio un vestito di colore azzurro e argento, mentre seduta sul pavimento di legno c'è una ragazzina vestita di giallo.

2 **E ora, scrivi qui le parole esatte.**

1	famoso	6	....	11	....	16	....
2	....	7	....	12	....	17	....
3	....	8	....	13	....	18	....
4	....	9	....	14	....	19	....
5	....	10	....	15	....	20	....

4 **Cambia le parole sottolineate con quelle adatte.**

incantevole • enigmatico • acconciati • celebre • provocante • sdraiata • è appoggiato

1 È un famoso capolavoro di Tiziano. ....
2 Raffigura una donna distesa su un letto. ....
3 Il corpo poggia su due cuscini. ....
4 La donna è in una posa molto sensuale. ....
5 I capelli sono pettinati in una treccia. ....
6 Il significato della scena è misterioso. ....
7 Dalla finestra si vede un bel giardino. ....

5 **Trova l'intruso.**

1 **aristocratico**
- ☐ a signorile
- ☐ b nobile
- ☐ c burocratico

2 **domestica**
- ☐ a operaia
- ☐ b serva
- ☐ c cameriera

3 **lussuoso**
- ☐ a austero
- ☐ b sfarzoso
- ☐ c sontuoso

4 **mitologico**
- ☐ a mitico
- ☐ b favoloso
- ☐ c reale

6 **Di chi sono questi attributi inconografici? Metti nel gruppo giusto le parole elencate.**

rose • ali • arco • cappello con le ali (*petaso*) • mirto • frecce • sandali (*calzari*) con le ali • benda sugli occhi • nudità • bastone con due serpenti attorcigliati (*caduceo*)

1 Venere (la dea dell'amore)	**2 Cupìdo** (il dio dell'amore)	**3 Mercurio** (il messaggero degli dei)
....	....	....
....	....	....
....	....	....
....	....	....

7 **Completa con le parole date.**

commissionato • commissiona • commissionare • commissione • committenti

1 A .... il quadro *Venere di Urbino* è stato il duca Guidobaldo II.
2 Sicuramente la .... del quadro è avvenuta nel 1538.
3 Il duca .... il quadro forse in occasione del suo matrimonio con Giulia da Varano.
4 I duchi di Urbino sono stati grandi .... di opere d'arte.
5 Non è chiaro perché Guidobaldo ha .... un quadro dove sua moglie è raffigurata come una Venere sensuale.

8 **Volgi le seguenti frasi al passato prossimo o imperfetto.**

Per esempio: Il duca di Urbino *commissiona* il quadro della Venere → Il duca di Urbino ha commissionato il quadro della Venere.

1 Tiziano *realizza* questo capolavoro nel 1538. → ....
2 L'artista *ritrae* il volto di Giulia da Varano dal vivo. → ....
3 Una domestica è ritratta mentre *tiene* il vestito della Venere sulla spalla. → ....
4 Tiziano *dipinge* moltissime opere. → ....
5 I collezionisti della sua epoca *comprano* volentieri i suoi quadri. → ....

9 **Forma le frasi abbinando le parti.**
(Le frasi hanno lo stesso significato di quelle dell'esercizio 8, ma qui sono in forma passiva.)

1 Il quadro della Venere è stato	☐ a sulla spalla da una domestica.
2 Moltissime opere sono	☐ b commissionato dal duca di Urbino.
3 Questo capolavoro è stato	☐ c comprati volentieri dai collezionisti.
4 I suoi quadri sono sempre stati	☐ d ritratta dal vivo dall'artista.
5 Giulia da Varano è stata	☐ e state dipinte da Tiziano.
6 Il vestito della Venere è tenuto	☐ f realizzato da Tiziano nel 1538.

... lo sai?

Forma attiva		**Forma passiva**
Tiziano dipinge un quadro.	→	**Il quadro è dipinto da** Tiziano.
Tiziano ha dipinto un quadro.	→	**Il quadro è stato dipinto da** Tiziano.

10 **Rileggi il testo "La Venere di Urbino" (Unità 3, attività 10, p. 23). Che cosa significano queste frasi?**

1 «(...) il vestito che Venere **sta per indossare**, ha i colori della casata Della Rovere.»
- ☐ **a** che Venere *ha appena indossato* il vestito con i colori della casata Della Rovere
- ☐ **b** che Venere *sta indossando* il vestito con i colori della casata Della Rovere
- ☐ **c** che Venere *indosserà tra poco* il vestito con i colori della casata Della Rovere

2 «Questo ***potrebbe significare*** che la Venere (...) è appena entrata a far parte della famiglia Della Rovere»
- ☐ **a** questo *sicuramente* significa che Venere è appena entrata a far parte della famiglia Della Rovere
- ☐ **b** questo *forse* significa che Venere è appena entrata a far parte della famiglia Della Rovere
- ☐ **c** questo *non* significa che Venere è appena entrata a far parte della famiglia Della Rovere

11 **Scegli la risposta giusta.**

Quale parola ha un significato simile a...

1 ... casata?	☐ **a** casa	☐ **b** dinastia	☐ **c** palazzo
2 ... committente?	☐ **a** mecenate	☐ **b** esecutore	☐ **c** commesso
3 ... interpretazione?	☐ **a** intonazione	☐ **b** rappresentazione	☐ **c** spiegazione

12 **Conosci il nome di tre grandi *mecenati* dell'arte italiana e di una famosa opera che hanno commissionato? Scrivili qui.**

Per esempio: Guidobaldo II Della Rovere, duca di Urbino, ha commissionato la Venere di Urbino.

1 ....

2 ....

3 ....

13 **Diciamolo in un altro modo! Rileggi il testo dell'attività 12, p. 23, e cambia le seguenti parole ed espressioni con quelle elencate che hanno un significato simile.**

persone che non fanno parte della casa • riferimenti non chiari a qualcosa o qualcuno • marito e moglie • sa • la casa • chi la sta guardando • appassisce, muore

1 allusioni: riferimenti non chiari a qualcosa o qualcuno

2 è consapevole: ....

3 il suo osservatore: ....

4 estranei: ....

5 le pareti domestiche: ....

6 sfiorisce: ....

7 gli sposi: ....

14 **Cambia il verbo delle frasi con uno dei seguenti.**

indossare • riferirsi • prestare • raffigurare • appassire • osservare • svolgersi

1 Tiziano *ha rappresentato* Giulia da Varano come Venere. ....

2 La scena *avviene* tra le pareti domestiche. ....

3 L'artista *ha fatto* attenzione ai più piccoli particolari. ....

4 La scena *allude* a un'idea di matrimonio. ....

5 La donna *guarda* in modo provocante qualcuno. ....

6 Le rose, come la bellezza, *sfioriscono* presto. ....

7 La donna *ha* molti gioielli. ....

15 **Come si dice? Cancella l'aggettivo sbagliato.**

1 È un quadro molto *sensuale/sessuale*.
2 La donna guarda in modo *invitato/invitante* il suo osservatore.
3 L'interpretazione del soggetto è *dubbia/dubbiosa*.
4 È evidente che è un quadro *allegoria/allegorico*.
5 L'affresco è *incompiuto/incompleto*.
6 Tra i due colori c'è un contrasto *stridente/stridulo*.
7 La scena è dipinta in modo *fantasioso/fantastico*.

16 ***Effetto* o *elemento?* Completa le frasi con la parola giusta.**

1 Il colore è un .... fondamentale dello stile di Tiziano.
2 L'.................................. di chiaroscuro è dato dall'accostamento dei toni chiari con quelli scuri dei vari colori.
3 Attraverso il colore Tiziano crea l'.................................. del volume e della plasticità delle figure.
4 Di tutti gli .... della composizione, il colore è quello fondamentale nei quadri dei pittori tonali.
5 Tiziano usa il contrasto tra i colori anche per dare un .... di profondità allo spazio della stanza di Venere.

17 **I colori dei quadri di Tiziano sono ricchi di *sfumature*. Abbina i nomi dei colori a quello delle sfumature corrispondenti.**

1 azzurro	☐ **a** pallido, pesca, salmone, shocking
2 bianco	☐ **b** cielo, fiordaliso
3 blu	☐ **c** fumo, antracite, topo
4 giallo	☐ **d** bottiglia, mela, smeraldo, oliva, caraibi, menta, primavera
5 grigio	☐ **e** canarino, oro, miele, sabbia, zafferano
6 rosa	☐ **f** notte, marino, elettrico, zaffiro
7 rosso	☐ **g** ciliegia, fuoco, carminio, pompeiano, veneziano, mattone, fragola
8 verde	☐ **h** latte, perla

18 **Quali fra questi colori (azzurro, bianco, blu, giallo, grigio, rosa, rosso, verde) ha una sfumatura che porta il nome di Tiziano?**

.... **Tiziano.**

19 **Completa il cruciverba e indovina il nome di una città italiana.**

1 Contrasto tra luce e ombra.
2 Ricopriva le pareti delle antiche case aristocratiche.
3 Un gioiello che si porta al braccio.
4 Il sinonimo di posa.
5 Ci si cammina sopra in casa.
6 Il maestro di Tiziano.

Il nome della città è ....

20 **Che cosa sai di questa città? Cercala su internet, guarda i palazzi e i monumenti più importanti e, soprattutto, scopri di quale famoso artista puoi visitare la casa.**

21 **Rileggi il testo dell'attività 6, p. 31 "La composizione di Raffaello" e ricostruisci le frasi usando *serve/servono a* come verbo.**

1 gli elementi compositivi ....
2 la disposizione bilanciata delle figure ....
3 l'uso di diverse gradazioni di colore ....
4 il rosso e il giallo ....
5 il soggetto sacro ....
6 la rappresentazione più umana dei personaggi sacri ....

☐ **a** dare armonia
☐ **b** educare i fedeli alla devozione
☐ **c** creare nella scena uno spazio vero
☐ **d** avvicinarli agli uomini (fedeli)
☐ **e** dare rilievo e volume alle figure
☐ **f** ravvivare i toni freddi dei colori

22 **Sostituisci gli aggettivi con i sostantivi.**

1 la composizione *equilibrata* e *armoniosa* → l'equilibrio e l'armonia della composizione
2 lo spazio *reale* e *profondo* → ....
3 le figure *bilanciate* e *armoniose* → ....
4 i volti *belli* ed *eleganti* → ....
5 le espressioni *dolci* e *poetiche* → ....
6 le pose *varie* e *aggraziate* → ....

23 **Volgi le seguenti frasi al passato prossimo o all'imperfetto.**

1 In questo quadro Raffaello crea l'effetto della profondità dello spazio.
....
2 Di solito Raffaello dispone le figure in modo bilanciato e armonioso.
....
3 Nella gamma dei colori che usa per la *Madonna Sistina* prevalgono i toni freddi.
....
4 Grazie all'uso di varie gradazioni di colori Raffaello riesce sempre a creare morbidi effetti plastici che danno rilievo e volume alle figure.
....
5 In questo quadro Raffaello usa il tema sacro, che da sempre ha lo scopo di educare i fedeli, per dare un nuovo messaggio.
....

24 **Scrivi l'aggettivo corrispondente ai seguenti nomi come nell'esempio.**

Per esempio: un elemento dello *stile* → un elemento stilistico
1 un elemento della *pittura* → un elemento ....
2 un elemento dello *spazio* → un elemento ....
3 un elemento della *composizione* → un elemento ....
4 un elemento della *plasticità* → un elemento ....
5 un elemento della *cromia* → un elemento ....
6 un elemento dell'*architettura* → un elemento ....
7 un elemento della *forma* → un elemento ....
8 un elemento della *decorazione* → un elemento ....

25 **Trova l'intruso.**

1 **colore**
☐ **a** cromia
☐ **b** amaro
☐ **c** tinta

2 **gradazione**
☐ **a** sfumatura
☐ **b** tonalità
☐ **c** graduale

3 **dipingere**
☐ **a** colorare
☐ **b** quadro
☐ **c** mettere il colore

26 **Come si dice in...? Traduci nella tua lingua le parole dell'arte di questa unità.**

1 Il capolavoro: ....
2 La posa: ....
3 La mitologia: ....
4 Il modello iconografico: ....
5 L'allegoria: ....
6 Il simbolo: ....
7 Il tono di colore: ....
8 Il chiaroscuro: ....
9 L'effetto di...: ....
10 La plasticità: ....
11 La composizione: ....
12 La Sacra Conversazione: ....
13 La gamma dei colori: ....
14 Il modo bilanciato: ....

Unità 4

1 **Abbina le parole della prima colonna al significato corrispondente.**

1 data
2 databile
3 datare
4 datazione

☐ **a** una data non certa ma probabile
☐ **b** assegnare una data a un evento (o a un'opera d'arte)
☐ **c** l'assegnazione di una data a un evento
☐ **d** l'anno di un evento (come la creazione di un'opera d'arte)

2 **Conosci i numeri romani? Guarda la scheda *I numeri romani* a p. 42 e poi completa l'elenco con i seguenti numeri ordinali.**

ottavo • diciassettesimo • decimo • terzo • quindicesimo • settimo • quarto • ventunesimo • nono • dodicesimo • secondo • quinto • diciannovesimo • sesto • undicesimo

I → primo	**V** →	**IX** →	**XV** → ....
II →	**VI** →	**X** →	**XVII** → ....
III →	**VII** →	**XI** →	**XIX** → ....
IV →	**VIII** →	**XII** →	**XXI** → ....

3 **Abbina le date della prima colonna al secolo corrispondente.**

data	secolo
1 1278	☐ **a** XVIII secolo
2 864	☐ **b** XIX secolo
3 542	☐ **c** IX secolo
4 1703	☐ **d** XIII secolo
5 1492	☐ **e** XV secolo
6 1856	☐ **f** VI secolo

4 **Trascrivi le seguenti date come nell'esempio.**

Per esempio: MCCXXV → 1225

1 MDIII → ....
2 MDCXXII → ....
3 MDCCCLXI → ....
4 CCCXXXVII → ....
5 DCCXLIX → ....

5 Che cosa significa il pronome *ne* in queste frasi?

1 Gli artisti del Rinascimento [...] studiano e si ispirano all'arte classica imitando**ne** lo stile, le forme e i temi.
Che gli artisti del Rinascimento... ....

2 [...] riportando la fisionomia di ciascun (uomo) e cogliendo**ne** anche le emozioni e la personalità.
Che colgono... ....

6 A che cosa si riferiscono questi pronomi?

1 [...] gli artisti considerano l'arte come un modo per conoscere la natura e il mondo reale in cui vivono perché per rappresentar**li** [...] devono studiar**li**.
li .... **li** ....

2 Nel Rinascimento l'uomo diventa il protagonista del mondo [...] e per questo **lo** si rappresenta in modo realistico. **lo** ....

7 Scegli il pronome relativo giusto e poi cambialo come nell'esempio.

Per esempio: Il committente ***per cui***/*da cui* lavora era molto famoso. per il quale

1 L'artista *su cui/di cui* parliamo era un uomo bizzarro. ....
2 Dietro la tela *in cui/su cui* è dipinto il ritratto c'è la data. ....
3 La città *di cui/da cui* proveniva l'artista è sconosciuta. ....
4 I colori *per cui/con cui* ha dipinto il quadro sono molto vivaci. ....
5 Il tema *di cui/a cui* si ispira il quadro è classico. ....

8 Aggettivo o avverbio? Completa le frasi.

Per esempio: Nel quadro c'è una rappresentazione corretta della natura.
La natura è rappresentata correttamente.

1 L'espressione del viso è molto realistic..........
2 La scena è resa realistic..........
3 Era un pittore bravo e lavorava veloc..........
4 Tipica di quel pittore è la pennellata veloc..........
5 La figura è in una posizione molto particolar..........
6 Nel dipingere è particolar.......... attento ai dettagli.
7 È una scena cromatic.......... molto forte.
8 Nel quadro c'è un forte risalto cromatic..........
9 La donna è ritratta ideal..........
10 È un ritratto ideal.......... della donna.

9 Abbina le parole della prima colonna al sinonimo corrispondente.

1 decennio	☐ **a** vero
2 periodo	☐ **b** epoca
3 imitazione	☐ **c** giorno, mese, anno
4 realistico	☐ **d** copia
5 data	☐ **e** modello di riferimento
6 ispirazione	☐ **f** 10 anni

10 **Scrivi gli aggettivi dei seguenti nomi come nell'esempio 1.**

1 Il Medioevo lo stile medievale
2 Il Romanico lo stile ……
3 Il Rinascimento lo stile ……
4 Il Manierismo lo stile ……
5 Il Barocco lo stile ……
6 Il Neoclassicismo lo stile ……
7 Il Cubismo lo stile ……
8 Il Futurismo lo stile ……

11 **Da quale parola derivano i nomi di questi movimenti artistici? Indovina e poi scrivi accanto la traduzione nella tua lingua.**

		traduzione
1 Impressionismo	impressione	……
2 Espressionismo	……	……
3 Cubismo	……	……
4 Macchiaioli	……	……
5 Astrattismo	……	……
6 Futurismo	……	……
7 Arte concettuale	……	……

12 **Inserisci nelle frasi le date fornite.**

1468 • 1172 • 1965 • 53 a.C.

1 È un quadro del **periodo medievale**, è stato dipinto forse nel …….
2 È un'opera molto antica, del **periodo romano**, pare del …….
3 È un quadro del **primo Rinascimento**, sembrerebbe del …….
4 È un'opera **contemporanea** molto famosa, realizzata nel …….

13 **Completa trascrivendo le date.**

1 Milleduecentotrentanove.
2 Novecentosettanta.
3 Millecinquecentotrentotto.
4 Duemiladodici.
5 Millesettecentosessantasette.
6 Seicentoventiquattro.

14 **Non solo stile... Abbina le parole della prima colonna alla definizione corrispondente.**

1 stile ☐ a disegnatore di moda e arredamenti
2 stilistico ☐ b rappresentare le figure con poche linee, secondo un modello essenziale
3 stilizzazione ☐ c tutte le caratteristiche formali di un'opera d'arte
4 stilista ☐ d caratteristica dello stile di un'opera o di un pittore o di un periodo ecc.
5 stilema ☐ e tecnica pittorica che rende solo i tratti e i colori essenziali delle figure
6 stilizzare ☐ f relativo allo stile, dello stile

15 **Che cosa significa? Scegli la risposta esatta.**

1 È un lavoro fatto ***a regola d'arte***!
- ☐ **a** È un lavoro davvero ben fatto!
- ☐ **b** È un lavoro pieno di regole.

2 ***Impara l'arte e mettila da parte***.
- ☐ **a** È importante imparare l'arte.
- ☐ **b** È importante imparare a fare qualsiasi cosa, può sempre servire in futuro.

3 Un furto ***ad arte***.
- ☐ **a** Un furto in un museo.
- ☐ **b** Un furto ben eseguito, con uno scopo preciso.

4 È un uomo ***senza arte né parte***.
- ☐ **a** Un uomo che non ha un lavoro, non ha una buona posizione sociale, non sa fare niente.
- ☐ **b** Un uomo che non capisce niente di arte.

16 **Come si dice in...? Traduci nella tua lingua le parole dell'arte di questa unità.**

1 I numeri romani: ....

2 Lo stile: ....

3 Lo stile dell'artista: ....

4 Lo stile dell'epoca: ....

5 L'arte classica: ....

6 L'imitazione dell'arte classica nel Rinascimento: ....

7 La prospettiva: ....

Analisi di opere di diversi stili e periodi

1 **Scegli il possessivo adatto.**

1 L'imperatrice Teodora è insieme alle dame della *loro/sua* corte.
2 La cerimonia si svolge a Ravenna nella *sua/vostra* chiesa più importante.
3 Le dame sono basse, la *nostra/loro* altezza è inferiore a quella di Teodora.
4 Teodora è elegantissima e i *suoi/sue* gioielli sono molto sfarzosi.
5 Sull'orlo del *tuo/suo* mantello c'è un disegno con i re Magi.

2 **Trova l'intruso.**

1 **offrire**	2 **sfarzoso**	3 **mantello**	4 **messa**
☐ **a** ufficiare	☐ **a** fastoso	☐ **a** veste	☐ **a** rito
☐ **b** donare	☐ **b** farfallio	☐ **b** cappa	☐ **b** messale
☐ **c** regalare	☐ **c** sontuoso	☐ **c** manto	☐ **c** cerimonia religiosa

3 **Rileggi il testo dell'attività 11, p. 47 "Il corteo di Teodora", e rispondi.**

1 Come si leggono questi numeri romani? IV ➔ ....
XV ➔ ....

2 L'arte bizantina va dal 300 al 1400? ....

3 Che cosa distingue le figure sacre dalle altre? Che cosa hanno sulla testa? ....

4 Come si chiama la parte finale del tessuto di un indumento? ....

5 L'arte di Bisanzio si chiama bizantina, come si chiama l'arte di Roma, Milano, Firenze, Ravenna?
....

4 **Metti le seguenti forme dei verbi al posto giusto.**

poseresti • avete detto • posa • depongo • direbbero • ha deposto • deporremmo • diceva • abbiamo posato • deponevi • posavate • dicono

	posare	deporre	dire
1 Presente (indicativo)	....	....	....
2 Passato prossimo	....	....	....
3 Imperfetto	....	....	....
4 Condizionale presente	....	....	....

5 **Che cos'è? Rileggi il testo relativo alla *Natività di Gesù* (attività 5, p. 50) e rispondi.**

1 Il recipiente dove mangiano gli animali è ....
2 Una piccola casa fatta di legno e paglia è ....
3 Un paesaggio dove non ci sono alberi e piante è ....
4 La copertura di un luogo aperto, a forma di tetto è ....
5 L'animale che produce la lana è ....

6 **Di quali nomi sono i diminuitivi?**

1 L'asinello è un .... piccolo e carino.
2 Le pecorelle sono .... piccole e carine.
3 Un pastorello è un giovane ....
4 Una capannina è una .... piccola e carina.
5 Una capannuccia è una .... piccola e povera.
6 Un angioletto è un .... piccolo e carino.
7 Il pennarello è un tipo speciale di ....

7 **Trova il contrario di questi aggettivi.**

1 originale
2 principale
3 realistico
4 spontaneo
5 affettuoso
6 umano
7 sacro
8 solenne
9 immobile

☐ a secondario
☐ b artificioso
☐ c modesto
☐ d astratto
☐ e divino
☐ f mobile
☐ g comune
☐ h freddo
☐ i profano

8 **Completa le parole concordando gli aggettivi ai nomi.**

Giotto è il pittore più rivoluzionari.......... del suo tempo, autore di numeros.......... opere pittoric.......... . Giotto raffigura solo soggetti religios.........., ma, a differenza di quell.......... bizantin.........., i suoi sono più realistic.........., i personaggi, anche quelli sacr.........., sono più uman .... Le architetture degli sfondi delle pitture di Giotto non sono più solo simbolic.......... come nell'arte bizantin.........., ma realistic.........., i paesaggi sono roccios.......... e arid.........., gli spazi sono abitabil .... Giotto rivoluziona il linguaggio stilistic.......... dell'epoca perché con lui nasce un senso di spiritualità nuov.......... e profond.......... .

9 **Che cosa significano queste frasi? Scegli la risposta giusta.**

1 Gesù non ha i soldi, e allora fa trovare a Pietro una moneta.
☐ a Gesù trova i soldi.
☐ b Gesù permette a Pietro di trovare i soldi.

2 Faccio dipingere un quadro a un pittore.
☐ a Io dipingo un quadro.
☐ b Io voglio che il pittore dipinga un quadro per me.

3 L'insegnante ci fa fare un disegno.
☐ a Noi facciamo un disegno perché l'insegnante lo vuole.
☐ b L'insegnante fa un disegno per noi.

... lo sai?

Fare + verbo all'infinito significa *causare, costringere, permettere* ecc.
Il soggetto della frase, per esempio Gesù, non fa direttamente qualcosa, ma permette di farla a qualcun altro.
Quindi nell'esercizio 9, il soggetto (Gesù, io, l'insegnante) fa fare (permette, causa ecc.) qualcosa (trovare i soldi, dipingere, disegnare) a qualcun altro (a Pietro, a un pittore, a noi).

10 **Trova l'intruso.**

1 **tributo**
- ☐ a tassa
- ☐ b gabella
- ☐ c gabelliere

2 **soldi**
- ☐ a saldi
- ☐ b moneta
- ☐ c banconota

3 **successivo**
- ☐ a seguente
- ☐ b precedente
- ☐ c prossimo

4 **indirizzare**
- ☐ a dirigere
- ☐ b rivolgere
- ☐ c raddrizzare

11 **L'apostolo Pietro è diventato poi Santo! Completa i seguenti nomi con le parole date.**

San • Santa • Sant' • Santo • Santi

1 .... Pietro
2 .... Vitale
3 .... Barbara
4 .... Antonio
5 .... Andrea
6 .... Eligio
7 .... Orsola
8 .... Donato
9 .... Stefano
10 .... Cosma e Damiano
11 .... Zaccaria

12 **Completa con le parole giuste scegliendo fra quelle fornite.**

plastiche • definita • monumentali • realistico • caratterizzati • rapido • centrale • espressivi • preciso

In questo affresco di Masaccio:
1 Il paesaggio è ....
2 Cristo è la figura .... della scena e della costruzione prospettica.
3 I volti dei personaggi sono fortemente .... e i loro sguardi e gesti sono molto ....
4 Le figure hanno forma plastica ben .... con il chiaroscuro.
5 Masaccio ha dipinto le figure in modo .... e ....
6 Luce e colore rendono le figure .... e ....

13 **Scegli il verbo adatto al testo: condizionale o presente?**
Ricorda che in italiano i verbi si usano al ***condizionale semplice*** *(anche) per dire che una cosa non è sicura.*

Lorenzo de' Medici **ha/avrebbe** commissionato la *Primavera* in occasione del suo matrimonio e per questo, secondo alcuni studiosi, il significato del quadro **è/sarebbe** legato a quello del matrimonio.
Secondo questa interpretazione, il quadro **è/sarebbe** un'allegoria dell'amore perché il giardino dove **si svolge/si svolgerebbe** la scena **è/sarebbe** quello di Venere, dea dell'amore che, nel Rinascimento, **è/sarebbe** anche simbolo dell'*humanitas*.
Gli studiosi **identificano/identificherebbero** il personaggio a destra come Zèfiro che **rapisce/rapirebbe** la ninfa Clori per poi fecondarla con il suo soffio. A questo punto Clori **si trasforma/si trasformerebbe** in Flora, la dea della Primavera, che quando arriva, **sparge/spargerebbe** fiori sul mondo. L'amore passionale di Zèfiro e Clori **diventa/diventerebbe** poi amore spirituale grazie all'influenza dell'*humanitas*, alla spiritualità e alla razionalità di cui **sono/sarebbero** simbolo gli altri personaggi della scena.

14 **Coniuga i seguenti verbi al condizionale presente.**

	1 Essere	2 Avere	3 Identificare	4 Svolgere
Io	....	....	....	....
Tu	....	....	....	....
Lui	....	....	....	....
Noi	....	....	....	....
Voi	....	....	....	....
Loro	....	....	....	....

15 **Abbina gli aggettivi della prima colonna a quelli corrispondenti.**

1 mitologico
2 allegorico
3 idilliaco
4 aggraziato
5 dettagliato
6 accurato

☐ **a** sereno, perfetto, da sogno
☐ **b** particolareggiato
☐ **c** l'immagine nasconde altri significati
☐ **d** leggendario
☐ **e** preciso, fatto con cura
☐ **f** grazioso, armonioso, elegante

16 **Completa le frasi con i pronomi *la/lo/le/li* e *ne*.**

1 La storia di questo ritratto è misteriosa perché Leonardo non se .... è separato mai fino alla sua morte.
2 Interessante è il paesaggio dipinto alle spalle della Gioconda: una foschia azzurrina .... avvolge, ... rende i contorni indefiniti e .... fonde con quelli della figura di Monna Lisa.
3 I misteri della natura circondano Monna Lisa che, però, non .... è angosciata, ma sorride serena perché sa di poter conoscer........ e dominar........ .
4 Nel quadro c'è la consapevolezza degli uomini del Rinascimento di essere finalmente capaci di conoscere il mondo dove vivono e di saper........ spiegare.

17 **Indovina i nomi delle seguenti tecniche pittoriche.**

Per esempio: Si usano i colori a olio. → la pittura a olio
1 Si dipinge sull'intonaco fresco di un muro. → ....
2 È stato inventato da Leonardo. → ....
3 Si usano i colori a tempera. → ....
4 Si mettono insieme tante piccole tessere colorate. → ....
5 L'illustrazione di piccolo formato dei libri antichi. → ....
6 Si usano colori diluiti nell'acqua. → ....

18 **Abbina le tecniche pittoriche della prima colonna al tipo di superficie su cui si usano.**

tecnica pittorica
1 a tempera, a olio, ad acrilico
2 acquerello, miniatura, acquaforte
3 affresco, murale, graffito, mosaico

superficie
☐ **a** parete, muro
☐ **b** tela, tavola
☐ **c** carta

19 **Che cosa stanno facendo? Guarda ancora il quadro di Caravaggio a p. 71 e completa con i verbi come nell'esempio.**

Nel quadro ci sono tre uomini, i due più giovani (*giocare*) stanno giocando a carte. Il giovane in nero a sinistra sembra ricco; Caravaggio lo ritrae mentre (*scegliere*) .... la carta da giocare ed è così concentrato nel gioco che non (*accorgersi*) .... che il suo avversario (*barare*)

.... con l'aiuto di un complice. L'uomo in piedi alle sue spalle, infatti, (*spiare*) .... le sue carte e (*fare*) .... segno con la mano al giovane baro. Il giovane baro vede il segno del complice mentre (*aspettare*) .... la mossa dell'avversario, e intanto di nascosto con la mano destra (*prendere*) .... da una tasca posteriore le carte giuste per vincere la partita. Il giovane ricco non si accorge proprio che i due bari (*imbrogliare*) ....!
Per quanto il quadro è realistico, sembra che anche noi osservatori (*vivere*) .... la scena.

20 **Trova gli aggettivi che corrispondono a questi sostantivi.**

1 importanza ....
2 passione ....
3 originalità ....
4 realtà ....
5 teatro ....
6 ricchezza ....
7 ingenuità ....
8 vita ....
9 genialità ....
10 espressione ....
11 particolarità ....
12 pericolosità ....

21 **Cambia le parole sottolineate con una delle seguenti con lo stesso significato.**

intreccio • spoglia • variano di tono • colpisce • riproduce

1 Caravaggio osserva attentamente la natura e riporta nei suoi quadri anche le imperfezioni.
....
2 C'è un gioco di sguardi dei personaggi. ....
3 La parete è nuda. ....
4 La luce investe i personaggi. ....
5 Le gradazioni cromatiche sono modulate. ....

22 **Completa il testo con i verbi all'imperfetto.**

In questo quadro Canaletto ha immortalato un momento di una delle feste più importanti che (*esserci*) .... nella Venezia del suo tempo. Si tratta dell'antichissima festa dell'Ascensione, una festa con cui la città (*celebrare*) .... il suo *sposalizio* con il mare, cioè il suo legame indissolubile con il mare e il fatto che all'epoca Venezia (*essere*) .... la città più potente del Mar Adriatico. La festa (*consistere*) .... in una cerimonia in cui il Doge (*salire*) .... sul Bucintoro e (*andare*) .... nella laguna tra la folla festosa dei veneziani che lo (*seguire*) .... in gondola. Quando il Bucintoro (*arrivare*) .... davanti alla chiesa di San Niccolò, il Doge (*gettare*) .... in mare un anello consacrato: con questo gesto simbolico Venezia (*sposare*) "...................................." il mare.

23 **Rileggi il testo "Il Bucintoro al Molo il giorno dell'Ascensione" (attività 6, p. 77) e scrivi il sinonimo delle seguenti parole.**

1 sposalizio ....
2 cerimonia ....
3 sfarzo ....
4 nobile ....
5 potente ....
6 brusio ....

24 **Abbina le parole della prima colonna a quelle che hanno lo stesso significato nella seconda colonna.**

1 scorcio	☐	a personaggio principale
2 coinvolgere	☐	b evidenziare, farsi notare
3 colore intenso	☐	c angolo di paesaggio
4 protagonista	☐	d chiaro, ben definito
5 disegno nitido	☐	e appassionare
6 colori ricercati	☐	f carico, sgargiante, vivace
7 risaltare	☐	g sofisticati

25 Guarda ancora il quadro e segna le risposte giuste.

Che cosa **sta facendo** il contadino?

- ☐ **a** sta mangiando
- ☐ **b** sta dormendo
- ☐ **c** sta pensando
- ☐ **d** si sta sedendo
- ☐ **e** sta parlando
- ☐ **f** si sta riposando
- ☐ **g** sta piangendo
- ☐ **h** sta lavorando

26 Scegli il possessivo giusto e indica a chi si riferisce.

1. Quello campestre è uno dei **suo/suoi** soggetti preferiti. **di Canaletto/di Fattori**
2. Nella **sua/sue** scena tutto è immobile, fermo, silenzioso. **del mare/del quadro**
3. Il **suo/suoi** lavoro è molto duro. **del contadino/dei buoi**
4. Non si vede l'espressione del **suo/suoi** viso. **del contadino/dei buoi**
5. Chi guarda il quadro riflette sul **suo/suoi** rapporto con la natura. **del pittore/dell'uomo**

27 In questo quadro di Fattori si sente l'estate! Che cosa sai di questa stagione?

1 **Completa la tabella con parole tue.**
L'estate...

le parole	i mesi	i colori	le sensazioni
....	....	....	....
....	....	....	....
....	....	....	....

2 **Indovina le parole collegate a *caldo* e *sole*.**

Caldo 1 RI-TOR-DO .... 2 FO-SO-A .... 3 TO-IN-FUO-CA ....
Sole 4 VEN-TE-RO .... 5 CO-TE-CEN .... 6 TAN-SCOT-TE ....

28 Metti le parole nel gruppo giusto.

tinta unita • rapida • fluida • puro • realistico • vigorosa • spento • materica • intenso • pastosa • macchia di colore • gradazione • precisa • sfumatura • di colore uniforme

Quale parola del riquadro si riferisce a...

1. Colore: ....
2. Pennellata: ....
3. Campitura: ....

29 Rispondi alle domande.

1. La parola *pennellata* deriva dal nome di uno strumento che si usa per dipingere, ricordi come si chiama? ....
2. In quali tecniche pittoriche si usa questo strumento?
   - ☐ **a** pittura a olio
   - ☐ **b** murale
   - ☐ **c** graffito
   - ☐ **d** pittura a tempera
   - ☐ **e** mosaico
   - ☐ **f** acquerello
   - ☐ **g** miniatura
   - ☐ **h** affresco

30 Completa con il pronome relativo (che, di cui, in cui...) giusto.

1. Il prato, ... sembrano sbocciare le figure, è pieno di fiori.
2. Le linee, ... sono disegnati i corpi, sono molto fluide e leggere.
3. La scena è simbolo dell'amore romantico, ... sono simbolo anche i fiori
4. La natura partecipa al mistero dell'amore e della vita .... affiora nei sogni.
5. È interessante non solo il soggetto del quadro, ma anche il modo .... è rappresentato.

31 **Abbina le parole della prima colonna a quelle che hanno lo stesso significato.**

1 onirico
2 elevarsi
3 evanescenza
4 affiorare
5 pulviscolo

☐ **a** alzarsi
☐ **b** polvere
☐ **c** rarefazione
☐ **d** che riguarda il sogno
☐ **e** emergere

32 **Indovina le parole collegate alla parola sogno.**
Si dice: fare un ***bel sogno***/fare un ***brutto sogno***.

1 CU-BO-IN ....
2 AL-CI-ZIO-LU-NA-NE ....
3 TA-FAN-SIA ....
4 SIO-VI-NE ....
5 IL-NE-SIO-LU ....

33 **A proposito di sogni... parla di un tuo sogno.**

1 **Indica che tipo di sogno è. È un: bel sogno, brutto sogno, sogno ricorrente, incubo ecc.**

2 **Racconta brevemente un tuo sogno.**

....

....

....

3 **Prova a interpretarne (= spiegare) il significato.**

....

....

34 **Trova le parole da cui derivano i seguenti termini.**

Per esempio: Divisionismo deriva da dividere.

1 Luminoso ....
2 Arricchire ....
3 Tocco (*di pennello*) ....
4 Filamento ....
5 Turbinoso ....

35 **Trasforma le frasi da passive in attive come nell'esempio.**

Per esempio: Le donne vengono coinvolte dalla vita frenetica della città.
La vita frenetica della città coinvolge le donne.

1 Il quadro è stato dipinto da Boccioni.

....

2 La *Gioconda* è stata commissionata da Francesco del Giocondo.

....

3 *I bari* sono stati acquistati dal Cardinal del Monte.

....

4 Ogni anno Roma viene visitata da molti turisti.

....

5 Canaletto viene considerato da molti il più grande vedutista italiano.

....

36 **La frenetica vita di città... Scrivi quali sono, secondo te, *i pro* e *i contro* del vivere in città.**

I pro: ....

I contro: ....

37 **Cambia le parole sottolineate con altre dal significato simile.**

1 La figura voluminosa ....
2 Focalizza l'attenzione ....
3 Le figure si compenetrano tra loro ....
4 Lo sguardo finisce catturato ....
5 I palazzi, le strade, gli alberi e le persone sono dipinti caoticamente ....
6 L'inclinazione esagerata del corpo della donna ....
7 L'azzurro è la tinta che più spicca ....
8 Rappresenta un nuovo modo di vivere che taglia tutti i ponti con il passato ....
9 Boccioni è una delle personalità di spicco del Movimento Futurista ....

38 **Come si dice in...? Traduci nella tua lingua le parole dell'arte di questa unità.**

1 Il mosaico: ....
2 La basilica: ....
3 Le proporzioni gerarchiche: ....
4 Bidimensionale: ....
5 Tridimensionale: ....
6 Stilizzare: ....
7 Il ciclo di affreschi: ....
8 La cappella: ....
9 L'effetto narrativo: ....
10 Il modellato: ....
11 La prospettiva intuitiva: ....
12 La Madonna in Maestà: ....
13 La lumeggiatura: ....
14 Il fulcro: ....
15 La sfumatura: ....
16 La gradazione cromatica: ....
17 Il velo di colore: ....
18 Ritoccare: ....
19 La gamma cromatica: ....
20 Il Naturalismo: ....
21 La natura morta: ....
22 Lo scorcio: ....
23 Una veduta di scorcio: ....
24 Il Simbolismo: ....
25 Il Divisionismo: ....
26 Il Futurismo: ....

SOLUZIONI

UNITÀ 1

1. 1 Un quadro; **2** La *Gioconda/Monna Lisa*; **3** Leonardo da Vinci; **4** Al Museo del Louvre, Parigi.

2. a Pittura; **b** tela; **c** dipinto; **d** rappresentazione.

4. 1 pittore/pittrice; **2** collezionista; **3** orafo; **4** committente; **5** autore/autrice; **6** artista.

5. artista; autore; ritratto; committente.

6. 1 Leonardo da Vinci; **2** Francesco del Giocondo; **3** Giorgio Vasari; **4** Lisa Gherardini; **5** Un ritratto.

7. 1 allegoria; **2** autoritratto; **3** ritratto; **4** paesaggio; **5** natura morta; **6** scena sacra.

8. b.

9. 1 Su tavola. **2** Con la pittura a olio. **3** Tra il 1503 e il 1515. **4** 77x53 cm. **5** Al Museo del Louvre, Parigi.

10. 1a; **2**b.

11. 1 affresco; **2** miniatura; **3** mosaico; **4** disegno; **5** acquaforte; **6** pittura a olio.

12. 1b; **2**c; **3**a.

13. 1 titolo; **2** autore; **3** data; **4** tecnica pittorica; **5** dimensioni; **6** soggetto; **7** ubicazione; **8** genere.

14. 1 La *Gioconda/Monna Lisa*; **2** Leonardo da Vinci; **3** 1503-1515 circa; **4** pittura a olio su tavola; **5** 77x53 cm; **6** Monna Lisa Gherardini; **7** Museo del Louvre, Parigi; **8** ritratto.

Esercitazione di arte • 1

1. 1 La *Velata*; **2** Raffaello Sanzio; **3** 1516 ca.; **4** olio su tavola; **5** 85x64 cm; **6** ritratto di donna; **7** Firenze, Galleria Palatina.

UNITÀ 2

1. 1 Titolo; **2** Autore; **3** Data; **4** Tecnica; **5** Dimensioni; **6** Soggetto; **7** Genere artistico; **8** Ubicazione.

2. 1 Santa Barbara; **2** Madonna; **3** Angeli; **4** Gesù Bambino; **5** San Sisto.

3. 1e; **2**f; **3**i; **4**g; **5**a; **6**l; **7**c; **8**d; **9**h; **10**b.

4. La Madonna: **a** capelli castani con la riga al centro; **b** sguardo profondo; **c** viso bello e dolce, a piedi nudi; **d** veste rossa, manto blu e velo beige.
Gli angeli: **a** capelli arruffati; **b** X; **c** visi paffuti; **d** nudi e con le ali.
Gesù Bambino: **a** capelli ricci e biondi; **b** sguardo intenso; **c** X; **d** nudo.
San Sisto: **a** capelli bianchi; **b** X; **c** con barba, anziano; **d** manto giallo-oro, veste candida.

5. 1 al; in; **2** in; **3** a; in basso; **4** sinistra; in ginocchio; **5** davanti; sotto, in alto.

6. 1b; **2**a; **3**c.

7. 1b; **2**a; **3**a.

8. Al centro di questo famosissimo quadro di Raffaello c'è la **Madonna** con in braccio il Bambin Gesù che appare all'osservatore quando la tenda **verde** si apre. La Madonna cammina a **piedi** nudi sulle nuvole formate sullo sfondo da teste di cherubini e scende dal **cielo** guardando verso noi osservatori. Il suo **sguardo** è solenne e profondo, lo stesso di quello del Bambino. I due santi presenti, Santa Barbara a destra e San Sisto a **sinistra**, sono entrambi in **ginocchio** in segno di devozione, ma mentre Santa Barbara ha lo sguardo **basso**, San Sisto indica i fedeli che fuori dal quadro guardano la **scena**. In basso c'è una balaustra da dove si affacciano due **angioletti** pensierosi e dove, nell'angolo a sinistra, San Sisto ha appoggiato la sua tiaria di papa.

9. 1 no; **2** sì; **3** no; **4** no; **5** sì.

10. 1b; **2**a; **3**c.

11. 1c; **2**a; **3**d; **4**e; **5**b.

12. 1 Maria, la Vergine, la Vergine Maria, la Madre di Cristo; **2** Cristo, il Messia, il Salvatore; **3** arcangeli, cherubini, serafini.

13. b.

15. 1b; **2**c; **3**a.

Esercitazione di arte • 2

1. 2 La *Velata*.

fronte
sopracciglia
pupille
guancia
seno
polso
narice
lobo
labbra
spalle
grembo
gomito

3. 1c; 2c; 3b; 4a; 5b; 6a.

4. 1 no; 2 sì; 3 no; 4 sì; 5 no; 6 sì.

7. fluviale/montuoso.

UNITÀ 3

1. 1 *Venere di Urbino*; **2** Tiziano Vecellio; **3** 1538; **4** olio su tela; **5** 119x165 cm; **6** Venere; **7** arte profana; **8** Galleria degli Uffizi, Firenze.

3. 1 no; **2** sì; **3** sì; **4** no.

4. 1e; 2c; 3b; 4d; 5a.

5. 1 I capelli lunghi e biondi cadono sciolti sulle spalle. **2** Il braccio destro è piegato e nella mano ha delle rose. **3** Con la mano sinistra si copre l'inguine. **4** Ai suoi piedi dorme un cagnolino. **5** Alle sue spalle una tenda di colore scuro divide la scena. **6** A destra, in fondo alla stanza, c'è una donna in piedi con un abito poggiato sulla spalla. **7** Davanti a lei c'è una ragazzina vestita di bianco che guarda dentro a una cassapanca.

6. 1 a, f; **2** a, d; **3** b, f; **4** a, e.

7. 1c; 2a.

9. 1 Dalla presenza di alcuni attributi iconografici propri di Venere, dalla nudità e dalla posizione della donna uguali ad altre opere d'arte che raffigurano Venere. **2** Attributi iconografici: il mirto, le rose; modelli iconografici: l'*Afrodite Cnidia* di Prassitele, la *Venere dormiente* di Giorgione. **3** I principali modelli iconografici di Venere sono: Venere che sorge dalle acque, che dorme, in trionfo o con altri soggetti mitologici. I suoi attributi iconografici sono: le colombe, i cigni, la conchiglia, i delfini, la cintola, la torcia, il cuore fiammeggiante, lo specchio. Tutti hanno un significato legato alla dea Venere e perciò ne sono un simbolo: la rosa rappresenta la sua bellezza divina e rara; il mirto, che è una pianta sempreverde, l'amore eterno.

10. 1 Guidobaldo II Della Rovere, duca di Urbino. **2** Tiziano. **3** Per il suo matrimonio. **4** La moglie del duca Guidobaldo. **5** Perché il viso di Venere è, secondo alcuni studiosi, il ritratto di Giulia da Varano. **6** Azzurro e oro.

11. 1 Privata. **2** No.

13. 1 ... il volto è simile al ritratto di Giulia da Varano; il vestito che sta per indossare ha i colori della casata dei Della Rovere. **2** ... il pittore ha usato un modello iconografico di Venere (nuda, si copre l'inguine con una mano, è bella e sensuale) usato anche da altri pittori; ci sono due tipici attributi iconografici di Venere: il mirto e le rose. **3** ... la scena si svolge in casa, ci sono le domestiche, il cane dorme tranquillamente perché non ci sono estranei. **4** ... ci sono i simboli della purezza: la perla, e della fedeltà: il cane. **5** ... il quadro è stato commissionato dal duca in occasione del suo matrimonio; la donna ritratta è la sua futura moglie: ci sono i colori della casata nell'abito che la donna sta per indossare; il quadro aveva una destinazione privata.

14. 1a; 2b.

15. 1b; 2d; 3e; 4c; 5a.

16. un anello al dito (mignolo); un bracciale al polso; gli orecchini alle orecchie.

17. 1 chiari; caldi; **2** realistici; **3** acceso; scuro; luminosi; **4** contrasto; scuro; **5** fluide.

18. 1 Falso; **2** Falso; **3** Vero; **4** Falso; **5** Vero; **6** Vero; **7** Vero.

19. 1e; 2c; 3a; 4f; 5d; 6g; 7b.

20. Giorgione, Lorenzo Lotto, Sebastiano del Piombo, Tintoretto.

21. Le somiglianze: la posizione sdraiata; la posizione del viso, delle gambe e della mano sull'inguine; la nudità; il lenzuolo bianco sotto il corpo.
Le differenze: in Giorgione l'ambientazione della scena è all'aperto, la Venere è sola, dorme, ed è inconsapevole del suo fascino; l'atmosfera è sensuale e sognante, il gesto di coprirsi l'inguine è pudico, nella scena tutto è idealizzato. In Tiziano l'ambientazione della scena è al chiuso di un palazzo, la Venere non è sola, ma ci sono altre due donne, il cane, e si intuisce una presenza maschile; la Venere è sveglia e guarda il suo osservatore in modo invitante, come invitante e fortemente erotico è anche il gesto di coprirsi l'inguine.

22. 1 *Amor sacro e amor profano*, 1515 ca., Galleria Borghese, Roma; **2** *Ritratto di uomo dagli occhi glauchi*, 1545 ca., Galleria Palatina, Firenze; **3** *Autoritratto*, 1562, Gemäldegalerie, Berlino.

23. 1 Come si chiama? **2** Dove e quando è nato? **3** Quando ha cominciato a dipingere? **4** Ha avuto successo con il suo lavoro? **5** Che genere di quadri ha dipinto? **6** Che cosa rappresentano i suoi quadri?

Esercitazione di arte • 3

1. 1 Papa Giulio II; **2** Sacra Conversazione; **3** Perché nella Chiesa di San Sisto a Piacenza e perché nel quadro c'è San Sisto. **4** Perché nel 1754 è stato donato al re di Polonia, Augusto III, e poi tutta la collezione del re è andata al museo di Dresda. **5** Arte sacra.

3. 1 È la rappresentazione della Madonna circondata da santi con cui parla di argomenti religiosi; **2** a.

4. 1 Innovativa. **2** La posizione delle figure e l'ambientazione. **3** Il palcoscenico di un teatro. **4** Perché San Sisto indica i fedeli che nella chiesa guardano il quadro e la Madonna li guarda con intensità. **5** Non hanno l'aureola, la Madonna è vestita con semplicità ed è a piedi nudi, gli angioletti sono rappresentati come bambini normali. **6** Una destinazione pubblica: era per una chiesa. **7** Che Dio, la Madonna e i Santi sono vicini agli uomini e alle loro sofferenze.

5. 1 luminosi; **2** toni freddi; **3** profondo; **4** con armonia; **5** volume.

6. 1 Vero; **2** Falso; **3** Vero; **4** Vero; **5** Vero; **6** Falso; **7** Vero; **8** Vero; **9** Vero.

7. 1 effetto compositivo; **2** effetto di profondità dello spazio; **3** effetto plastico; **4** effetto cromatico; **5** effetto visivo.

10. 1 La *Fornarina*, 1518-19, Galleria Nazionale d'Arte Antica, Palazzo Barberini, Roma; **2** *Ritratto di Giulio II*, 1511, National Gallery, Londra; *Ritratto di Giulio II*, 1512, Museo degli Uffizi, Firenze; **3** *Madonna del cardellino*, 1506, Museo degli Uffizi, Firenze.

UNITÀ 4

1. 1b; **2**c; **3**a.

2. 1 XVI; **2** Cinquecento; **3** 1538.

3. 1c; **2**a; **3**d; **4**e; **5**b.

4. 1b; **2 a** ✓; ✓; ✗; **b** ✓; ✓; **c** ✓; ✓; ✗; **d** ✓; **e** ✗; ✗; **f** ✗; **g** ✓.

5. 1a; **2** stile rinascimentale.

6. 1 Significa "rinascita", viene dal verbo *rinascere*, cioè "nascere di nuovo"; **2** Firenze; **3** Perché ci sono alcuni dei principi fondamentali del pensiero rinascimentale: l'uomo al centro che tocca il quadrato (che rappresenta la Terra) e il cerchio (che rappresenta l'Universo), è simbolo dell'unione tra arte e scienza. L'armonia delle proporzioni del corpo dell'uomo significano che il corpo umano è una creazione perfetta e in sintonia con Terra e Universo. Per Leonardo, l'arte serve a rappresentare la natura e a conoscerla, perciò l'arte è legata alle scienze.

7. 1 Lo studio, l'imitazione e l'ispirazione all'arte antica. **2** L'arte come un modo per conoscere il mondo reale e la natura. **3** L'invenzione della prospettiva per creare l'illusione dello spazio. **4** L'uomo è protagonista dell'arte. **5** La rappresentazione realistica dell'uomo.

9. 1 si ispira; **2** imitare; **3** forme; composizioni; **4** temi; **5** copiano; **6** realistico; **7** prospettiva.

10. 1c; **2**d; **3**a; **4**b.

11. Periodo antico: Stile etrusco, romano, paleocristiano, greco; **Periodo medievale**: Gotico, Romanico, Bizantino; **Periodo moderno**: Barocco, Rinascimento, Rococò, Manierismo, Neoclassicismo; **Periodo contemporaneo**: Cubismo, Macchiaioli, Futurismo, Pittura metafisica, Astrattismo, Arte concettuale, Transavanguardia.

Esercitazione di arte • 4

1. b

2. 1 Novecento/XX secolo; **2** Trecento/XIV secolo; **3** Settecento/XVIII secolo.

3. 1b; **2**c; **3**a.

4. b; f. (**a** Boccioni, *Visioni simultanee*, 1911. **b** Michelangelo, *Tondo Doni*, 1503-4. **c** Fattori, *Il riposo*, 1887. **d** Caravaggio, *I bari*, 1594. **e** *Il corteo di Teodora*, VI d.C. **f** Masaccio, Il *Pagamento del tributo*, 1425.)

5. C (**a** Giotto, *Adorazione dei Magi*, 1303-5. **b** Gentile da Fabriano, *Adorazione dei Magi*, 1423. **c** Botticelli, *Adorazione dei Magi*, 1475 ca. **d** Previati, *Adorazione dei Magi*, 1890-1894.)

ANALISI DI OPERE DI DIVERSI STILI E PERIODI

Il periodo medievale (dal V al XIV secolo)

1 • Il corteo di Teodora

2. 1 Il corteo dell'imperatrice Teodora; **2** sconosciuto; **3** mosaico; **4** 421x 280 cm; **5** VI d.C.; **6** Ravenna, Basilica di San Vitale.

5. 1a; **2**a; **3**b; **4**a; **5**b; **6**b; **7**b; **8**a; **9**a.

6. 1 Vero; **2** Falso; **3** Vero; **4** Falso; **5** Falso.

7. 1 Il mantello color porpora, i gioielli sfarzosi, l'aureola. **2** Pubblica. **3** Gli imperatori portano doni importanti come quelli dei re Magi. **4** Storico-celebrativo.

8. 1 sì; **2** no; **3** sì; **4** sì; **5** sì; **6** sì; **7** no; **8** sì; **9** sì; **10** sì.

9. 1c; **2**e; **3**a; **4**b; **5**d.

10. 1 stilizzato; **2** proporzioni; **3** ieratici; **4** bidimensionali; **5** simbolico.

11. 1 sì; **2** no; **3** sì; **4** sì; **5** no.

13. *Testo dell'ascolto*
Teodora
Teodora nasce a Costantinopoli, l'attuale Istanbul, nel 497 d.C. in una famiglia di umili condizioni, e quando il padre muore, Teodora è ancora una bambina.
Povera, Teodora è costretta con le sue due sorelle, giovanissime e bellissime come lei, a fare la danzatrice, all'epoca un lavoro infamante perché quasi sempre sinonimo di prostituta.
Affascinante oltre che bella, riesce a diventare l'amante del nobile Ecebolo di Tiro che segue in Libia quando questi ne diventa il governatore, ma poi, abbandonata da Ecebolo, Teodora decide di torna-

re da sola a Costantinopoli e, per farlo, riprende a prostituirsi. Durante il viaggio si ferma ad Alessandria in Egitto e qui fa un incontro importante che segna la sua vita: il vescovo Timoteo III, infatti, la converte al Cristianesimo Monofisita, che considera cioè Gesù solo Dio e non anche uomo.
Da questo momento Teodora affina la sua intelligenza con la cultura e tornata a Costantinopoli nel 522 si fa notare da Giustiniano, il nipote dell'imperatore, non solo per la sua bellezza, ma anche per la sua forte personalità. Giustiniano, più grande di lei di vent'anni, la sceglie come amante e cerca di cancellare il suo passato facendola diventare nobile, ma poi arriva, addirittura, a decidere di sposarla. I suoi zii imperatori, però, si oppongono fortemente al matrimonio e solo dopo la morte della zia, approfittando del fatto che l'imperatore è ormai vecchio e incapace di decidere, Giustiniano fa cambiare la legge in modo da poter sposare Teodora.
Quando diventa imperatrice insieme al marito Giustiniano, il 4 aprile del 527, Teodora mostra da subito di voler avere un vero ruolo nella politica dell'Impero e perciò influenza tutte le decisioni del marito: è lei che fa reprimere nel sangue le ribellioni popolari che scoppiano a Costantinopoli; è lei che aiuta di nascosto i monofisiti perseguitati da Giustiniano, che era cristiano ortodosso, al punto di nascondere un religioso monofisita per dodici anni in una stanza segreta dei suoi appartamenti privati. È sempre lei che sostiene la guerra in Italia per liberare Roma dai Goti, e che fa addirittura sostituire un papa con un altro.
Teodora muore forse di cancro a 51 anni, nel 548, ed è seppellita nella chiesa dei Santi Apostoli a Costantinopoli. Uno storico del suo tempo la descrive come una donna crudele, avida, intrigante al punto di liberarsi o ricattare uomini potenti della sua corte attraverso complotti, ma certo è stata una delle poche donne del passato che nella sua vita eccezionale ha saputo far emergere le sue non comuni capacità.

14. 1 *Cristo Pantocratore,* XII sec., Duomo di Cefalù, Cefalù, Sicilia; **2** *La Madonna Rucellai,* 1285, Galleria degli Uffizi, Firenze; **3** *Madonna Theotòkos,* fine VI sec., Santa Maria in Trastevere, Roma.

2 • La Natività di Gesù

2. Quest'opera **si intitola** la *Natività di Gesù*, è un grande affresco che **misura** 200x185 cm ed è parte di un ciclo di affreschi con le *Storie di Gesù* che **si trova** nella Cappella degli Scrovegni a Padova. L'autore, Giotto di Bondone lo **realizza** fra il 1303 e il 1305 su commissione di Enrico Scrovegni, un ricchissimo banchiere padovano che **dedica** la bellissima cappella a Santa Maria della Carità.

4. 1 La nascita di Gesù. **2** Al genere sacro. **3** Doveva far conoscere questa storia a tutti i cristiani, soprattutto a quelli che non sapevano leggere. **4** Da un libro religioso. **5** Vangelo.

5. Al centro della composizione c'è la Madonna **distesa** su un letto che posa con delicatezza Gesù Bambino nella mangiatoia degli animali della povera capanna dove è appena nato. La capanna è raffigurata come una tettoia di legno, unica architettura in un paesaggio roccioso e arido. Una donna **a sinistra**, ritratta **di profilo** aiuta la Madonna a deporre il Bambino. **Davanti** alla mangiatoia ci sono il bue e l'asinello, vicino a loro **in basso** c'è San Giuseppe che dorme seduto per terra. **Vicino a** San Giuseppe ci sono delle pecore che riposano accovacciate **per terra**. Accanto alle pecore ci sono due pastori **in piedi**, **di spalle** a noi che guardano **in alto** dove un angelo annuncia la nascita di Gesù. Altri quattro angeli volano **sopra** la capanna e dicono a tutti di pregare.

7. 1 Al Natale. **2** Sì.

9. 1 raccontare; **2** realistico; **3** spontanei; **4** particolari; **5** un'atmosfera umana.

10. 1b; **2**a; **3**a; **4**b; **5**a; **6**a; **7**b; **8**b; **9**b.

11. 1 volume; **2** modellato delle figure; **3** espressività dei volti; **4** movimento; **5** spazio; **6** cromatismo.

14. 1 Falso; **2** Vero; **3** Vero; **4** Falso; **5** Vero.

15. b *Madonna in Maestà*, è di Giotto perché le figure (anche la Madonna sul trono) hanno volume, sono maestose, c'è l'effetto spaziale ecc. L'altra Madonna è conosciuta con il nome di *Madonna Rucellai* ed è di **Duccio di Buoninsegna**, un famoso pittore di arte bizantina.

16. 1 *Maestà di Ognissanti*, 1310 ca., Galleria degli Uffizi, Firenze; **2** *Crocifisso di Santa Maria Novella*, 1290-1295, Basilica di Santa Maria Novella, Firenze; **3** *Le esequie di San Francesco*, 1325 ca., Cappella Bardi, Basilica di Santa Croce, Firenze.

Il Quattrocento (XIV secolo)

3 • Il Pagamento del tributo

3. 1 Il *Pagamento del tributo*; **2** Masaccio; **3** 1425 ca.; **4** affresco; **5** 255x598 cm; **6** arte sacra; **7** Cappella Brancacci, Chiesa di Santa Maria del Carmine, Firenze.

4. 1 Nella Chiesa di Santa Maria del Carmine a Firenze. **2** Felice Brancacci. **3** Nel 1424. **4** Il tema erano le *Storie di San Pietro*, perché San Pietro era il protettore della famiglia Brancacci. **5** Pubblica, erano in un luogo pubblico. **6** Masolino da Panicale, Masaccio e Filippino Lippi. **7** Di Firenze.

5. A destra *ci sono due uomini, l'uomo con il mantello giallo...* i capelli e la barba bianca e con l'aureo-

la (Pietro) mette qualcosa (soldi) nella mano di un uomo vestito con una corta veste rossa e un bastone in mano (il gabelliere).
Al centro c'è un gruppo di uomini, tutti vestiti con lunghe e larghe vesti. Hanno anche i mantelli e le aureole in testa. Al centro del gruppo c'è Gesù, il viso con la barba è quello tipico della sua iconografia; di spalle all'osservatore c'è lo stesso uomo con la corta veste rossa che c'è anche a destra.
A sinistra c'è un uomo in ginocchio vicino a un lago che prende qualcosa (il pesce con la moneta) dal fiume. Non si vede il viso dell'uomo, ma i capelli sono bianchi e ha la stessa veste grigio-azzurra dell'uomo accanto a Gesù, a sinistra, e dell'uomo che a destra parla con quello vestito di rosso. Si tratta quindi dello stesso uomo (Pietro), come conferma anche il mantello giallo che l'uomo vicino al lago ha poggiato a terra.

6. 1 a sinistra; **2** a destra; **3** al centro.

7. 1 al centro; **2** a sinistra; **3** a destra.

9. 1 gli apostoli; **2** il gabelliere; **3** Pietro; **4** Gesù.

10. 1 Gesù e Pietro; **2** gli apostoli e il gabelliere.

11. 1 Vero; **2** Falso; **3** Vero; **4** Vero; **5** Vero; **6** Falso.

12. 1a; **2**b; **3**a; **4**a; **5**a; **6**a; **7**b.

13. 1 natura; **2** tempo; **3** spazio; **4** fulcro; **5** fisionomia; **6** plastica; **7** narrativo.

14. Arte medievale: espediente narrativo; contemporaneità degli episodi; **Arte rinascimentale**: prospettiva, realismo, plasticità delle figure, effetto spaziale, chiaroscuro; contemporaneità degli episodi.

15. 1 realistici; **2** prospettiva; **3** espressività; **4** plasticità; **5** chiaroscuro; lumeggiatura.

18. *Testo dell'ascolto*
L'apostolo Pietro
Pietro era un apostolo di Gesù Cristo, cioè un seguace scelto per diffondere la nuova religione cristiana. Nato in Galilea, l'attuale zona tra Israele e Cisgiordania, nel I secolo a.C., in realtà si chiamava Simone e prima di incontrare Gesù faceva il pescatore. E proprio un giorno in cui Simone torna con la sua barca dopo una notte passata a pescare che incontra Gesù. Simone non ha pescato niente e Gesù gli propone di tornare insieme a pescare e intanto di ascoltare le sue parole su Dio; incredibilmente, Simone e gli altri pescatori pescano tantissimo pesce. Simone, conquistato da quel miracolo, decide allora di seguire Gesù e di fare da quel momento il "pescatore di uomini" diventando, in effetti, non solo uno dei dodici apostoli di Gesù, ma l'apostolo più importante. Gesù, infatti, gli cambia il nome in Pietro perché decide che lui è la "pietra" su cui fondare la sua chiesa, cioè una comunità cristiana. Pietro segue Gesù in tutte le vicende della sua vita fino a quando questi muore crocifisso. Dopo la morte di Gesù, Pietro prende il comando del gruppo dei dodici apostoli e continua a diffondere il Cristianesimo e a convertire persone alla nuova religione facendo anche miracoli e guarigioni.
Per diffondere il Cristianesimo, Pietro fa lunghi viaggi che lo portano a predicare in tante città del Medio Oriente, e arriva fino a Roma nel 54 d.C. nel periodo in cui è imperatore il terribile Nerone. A Roma, tra mille difficoltà, riesce a fondare una comunità cristiana, ma presto Nerone decide di perseguitare i cristiani facendoli uccidere tutti. Anche Pietro è catturato e chiede di morire crocifisso come Gesù, ma a testa in giù perché vuole mostrare la sua inferiorità a Gesù.
Secondo la tradizione, il martirio di Pietro è avvenuto il 29 giugno tra il 64 e il 67 d.C. nell'allora circo di Nerone, il luogo dove si tenevano anche questi "spettacoli" e che poi è diventato parte dell'attuale Chiesa di San Pietro.
Più tardi nel IV secolo, l'imperatore Costantino fa costruire proprio qui, nel luogo dove era morto Pietro, la prima chiesa dedicata a San Pietro che è stata poi rifatta come la vediamo oggi nel Cinquecento. L'antichissima tomba di Pietro è stata, effettivamente, ritrovata sotto la chiesa nel 1939.

18. L'apostolo Pietro si chiamava, in realtà, Simone, ed era un pescatore della Galilea. Pietro è stato uno dei 12 apostoli di Gesù ed è considerato il fondatore e primo papa della chiesa cattolica. A lui, infatti, è dedicata la chiesa di San Pietro a Roma costruita sulla sua tomba.

19. 1 *Sant'Anna Metterza*, 1424-1425, Galleria degli Uffizi, Firenze; **2** *Desco da parto*, 1426, Staatliche Museen, Berlino; **3** *Trinità*, 1426-1428, Chiesa di Santa Maria Novella, Firenze.

4 • La Primavera

2. L'errore è: ubicazione Villa di Castello, Firenze.

4. a Cupido; **b** Le tre Grazie; **c** Zefiro e Clori; **d** Mercurio; **e** Flora; **f** Venere.

5. 2 sotto; sfuggirgli; **3** davanti; in; sparge; **4** al; in; guarda; **5** sopra; tira; **6** sinistra; danzano; **7** accanto; di; allontana.

6. 1d; **2**f; **3**a; **4**e; **5**b; **6**g; **7**c.

7. 1 Falso; **2** Vero; **3** Vero; **4** Vero; **5** Falso.

8. 1b; **2**b; **3**b.

9. Ideale: ambientazione della scena, soggetto, personaggi, bellezza delle figure, effetto spaziale. **Reale**: natura: piante e fiori.

10. 1 La bellezza ideale e l'armonia. **2** Ideale. **3** No. **4** Bilanciata. **5** No, le figure sono belle, in pose eleganti e con gesti aggraziati. **6** Il disegno. **7** Semplificato, quasi piatto. **8** Colori molto chiari dai toni freddi.

11. armonia del disegno; linea di contorno fluida e precisa; figure eleganti, volti di grande bellezza; forme in armonia ed equilibrio; ritmo musicale delle linee del disegno.

14. 1 *Venere e Marte*, 1482-1483, National Gallery, Londra; **2** *Annunciazione di Cestello*, 1489-1490, Galleria degli Uffizi, Firenze; **3** *La calunnia*, 1496, Galleria degli Uffizi, Firenze.

Il Cinquecento (XVI secolo)

5 • La Gioconda

2. La *Gioconda* è il **titolo** di un **ritratto** dipinto **da** Leonardo da Vinci tra **il** 1503 e **il** 1515 con la tecnica della pittura **a olio** su **tavola** di pioppo; le sue **misure** sono 77x53 cm e **si trova** nel Museo del Louvre a Parigi. A **commissionare** il quadro è stato, forse, Francesco del Giocondo, **marito** di Monna Lisa, la donna del ritratto.

5. 1 Falso; **2** Vero; **3** Falso; **4** Vero; **5** Vero.

6. 1c; **2**f; **3**b; **4**g; **5**d; **6**a; **7**e.

9. 1b; **2**b; **3**b; **4**a; **5**b; **6**b; **7**a; **8**a.

10. Il mistero della *Gioconda* in buona parte è dovuto alla particolare tecnica pittorica usata da Leonardo e da lui stesso inventata: lo *sfumato.* Questa tecnica pittorica consiste nello **sfumare** i contorni delle figure e dei loro particolari attraverso un leggerissimo chiaroscuro. Il pittore stende uno sopra l'altro veli di diverse **gradazioni** di colore, e in questo modo il passaggio dalla luce all'ombra, cioè il chiaroscuro, avviene gradatamente, in modo quasi **impercettibile**. Grazie allo sfumato, i lineamenti del viso di Monna Lisa hanno i contorni morbidi e **indefiniti**, cosa che dona all'espressione del viso qualcosa di **mutevole**, che la fa sembrare leggermente diversa ogni volta che la guardiamo. Per questo motivo quello di Monna Lisa è un *ritratto vivo*. Il sorriso, la parte del ritratto più **ritoccata** di tutte, è speciale non solo perché è ben fatto e dimostra le profonde conoscenze che Leonardo aveva dell'**anatomia** umana, ma perché lo sfumato gli dà quell'effetto misterioso e mutevole che affascina l'osservatore.
Lo stesso si può dire del paesaggio, dove è sempre grazie allo sfumato che Leonardo riesce a esprimere la sua personale **visione** del mondo e a riportare, allo stesso tempo, le sue osservazioni scientifiche sulla distanza, sul tempo **atmosferico**. Nel dipingere un paesaggio visto da molto lontano, Leonardo usa, infatti, colori nitidi per le **figure** più vicine, colori meno nitidi, di gamma tendente all'azzurro, per le figure più lontane. Queste ultime poi, hanno contorni indefiniti avvolti in una **foschia** azzurrina che le fonde tra loro e fa sembrare lo spazio più grande; perciò guardando lo sfondo del quadro sembra di essere davanti a uno spazio molto più **vasto** di quello rappresentato. In effetti, Leonardo vuole mettere l'osservatore davanti alla **totalità** del mondo avvolta dal mistero della natura, non davanti a un semplice paesaggio.

11. Il passaggio dalla luce all'ombra avviene gradatamente; i lineamenti del viso di Monna Lisa hanno i contorni indefiniti e perciò l'espressione del viso sembra mutevole; il sorriso è misterioso; il paesaggio sembra molto lontano, si vede la foschia e sembra molto più grande.

12. 1d; **2**c; **3**f; **4**e; **5**b; **6**a.

17. 1 *L'Annunciazione*, 1472-1475, Galleria degli Uffizi, Firenze. **2** *La Vergine delle rocce*, 1483-1486, Museo del Louvre, Parigi; *La Vergine delle rocce*, 1494-1508, National Gallery, Londra. **3** *Dama con l'ermellino*, 1488-1490, Museo Czartoryski, Cracovia.

Il Seicento (XVII secolo)

6 • I bari

3. 1 uomini; **2** giocatore; **3** baro; **4** complice.

4. 1 a, f, i, m; **2** a, c, e, l; **3** b, d, e, g.

5. 1 Falso; **2** Vero; **3** Falso; **4** Vero; **5** Vero; **6** Falso; **7** Vero; **8** Vero; **9** Vero; **10** Falso; **11** Vero; **12** Falso; **13** Vero.

6. 1 variopinto, scuro, elegante, alla moda, vecchio; **2** furtivo, riflessivo; **3** ingenua, furba, assorta, concentrata, tesa, sprovveduta, sicura, impaziente.

7. 1 Il cardinale Francesco Maria Del Monte. **2** Privata. **3** È un soggetto profano con una scena di vita popolare. **4** Tutti di tre quarti. **5** Riflettere sul vizio del gioco. **6** Alla pittura di genere.

8. 1b; **2**a; **3**a; **4**a; **5**b.

9. 1 Il naturalismo; accuratezza nella descrizione degli oggetti; resa psicologica e degli stati d'animo dei personaggi attraverso l'espressività e gestualità; realismo e teatralità delle scene; effetto spaziale e uso della luce evidenziano i punti focali del quadro e ne aumentano la teatralità. **b** 2.

10. 1d; **2**a; **3**b; **4**f; **5**e; **6**c.

15. 1 *Narciso*, 1597-1599, Galleria Nazionale d'Arte Antica, Palazzo Barberini, Roma; **2** *Morte della Vergine*, 1606, Museo del Louvre, Parigi; **3** *Davide con la testa di Golia*, 1610, Galleria Borghese, Roma.

Il Settecento (XVIIIsecolo)

7 • Il Bucintoro al molo nel giorno dell'Ascensione

4. **1** Chiesa; sfondo; **2** Palazzo Ducale; destra; **3** Colonne; lato; Biblioteca; **4** accanto; Prigioni; **5** Campanile; dietro.

5. 1b; 2c; 3a.

6. **1** Vero; **2** Falso;**3** Vero; **4** Falso; **5** Falso.

9. 1b; 2a; 3b; 4a; 5a.

11. **1** (1) è positivo; (2) è negativo.

14. **1** *Rio dei Mendicanti*, 1723, Ca' Rezzonico, Museo del Settecento, Venezia; **2** *Il cortile dello scalpellino*, 1727-28 circa, National Gallery, Londra; **3** *Veduta del Tamigi e della City da un arco di Westminster Bridge*, 1747, collezione privata.

L'Ottocento (XIX secolo)

8 • Il riposo

3. **1** ... c'è un contadino stanco che si riposa seduto all'ombra. **2** ... ha il volto in ombra ed ha in testa un cappello. **3** ... si estende il campo giallo che sta lavorando. **4** ... ci sono due buoi staccati dal carro. **5** ... davanti al carro rosso a terra in primo piano c'è un aratro. **6** ... sullo sfondo c'è il mare azzurro e sopra il cielo con nuvole bianche.

4. **1** Falso; **2** Vero; **3** Falso; **4** Vero; **5** Falso; **6** Falso.

5. 1c; 2e; 3b; 4d; 5a.

8. **1** no; **2** sì; **3** sì; **4** no; **5** no.

9. **1** Da grosse macchie di colori. **2** Sono accostati tra loro; stesi in campiture; riempiono lo spazio della figura. **3** Netto; leggero. **4** Rapida; sintetica; densa.

10. 1c; 2b; 3e; 4a; 5f; 6d.

11. Rosso, giallo, nero e bianco. I colori primari sono il rosso, il giallo, il blu; il bianco e il nero sono in realtà *non colori*, ma quando si mischiano ai vari colori creano le varie tonalità (più o meno chiari o brillanti). Colori come l'azzurro, il beige, l'arancio, il verde, il viola ecc. sono, invece, dati dalla diversa combinazione dei colori primari e del bianco e nero.

13. 1c; 2f; 3b; 4d; 5e; 6a.

14. Paesaggi della campagna toscana; contadini che lavorano i campi; ritratti di gente comune; scene in campi di battaglia.

16. **1** *La libecciata*, 1880-1885, Galleria d'Arte Moderna, Firenze; **2** *La Rotonda dei bagni Palmieri*, 1866, Galleria d'Arte Moderna, Firenze; **3** *Tramonto sul mare*, 1890-1895.

Il Novecento (XX secolo)

9 • Il sogno

3. **1** Vero; **2** Falso; **3** Vero; **4** Falso; **5** Vero.

5. 1b; 2b; 3a; 4b; 5a.

6. Se per rappresentare le sue visioni oniriche Previati sceglie il simbolo, capace di **rimandare** ai loro significati più profondi, per raffigurare la forma del simbolo, sceglie il colore. Previati **ricerca** una tavolozza particolarmente luminosa, perciò studia la composizione dei colori per farli più brillanti e per **accostarli** tra loro per farli risaltare il più possibile. Da questo studio nasce la particolare tecnica pittorica chiamata Divisionismo di cui Previati è uno dei padri. Con questa tecnica il colore viene **distribuito** sulla tela in piccoli tocchi di pennello o in sottilissime strisce (filamenti) che, accostate o **sovrapposte** l'una sull'altra, creano una specie di "*pulviscolo luminoso*" che è l'aspetto stilistico più famoso della pittura di Previati. Grazie a questa tecnica divisionista si crea un effetto turbinoso del colore e, soprattutto, un effetto della luce meraviglioso che **evidenzia** la bellezza del simbolo e anche il suo significato. Previati, che è chiamato per questo motivo "il pittore della luce", **crea** nei suoi quadri una luce che ha un grande valore estetico e intellettuale.

8. **1** soggetto; **2** cromatismo; **3** composizione; **4** tecnica; **5** effetto della luce.

9. **2** *Testo dell'ascolto*
Paolo e Francesca
Paolo e Francesca sono due personaggi realmente esistiti e la loro tragica morte non è un'invenzione letteraria. La loro storia comincia nel 1275 quando Guido da Polenta, Signore di Ravenna, decide di far sposare sua figlia Francesca con Gianciotto Malatesta, figlio di una delle famiglie più importanti di Rimini. Il matrimonio serve a fare finalmente la pace dopo anni di guerra e a creare una forte unione fra due famiglie importanti di quella zona.
Francesca è giovane e bella, ma Gianciotto, però, è così brutto e rozzo che le famiglie decidono di non farlo vedere a Francesca prima del matrimonio per paura che lei si rifiuti di sposarlo. Pensano allora di fare il matrimonio per procura, cioè di far sposare Francesca con Paolo, a nome di Gianciotto.
Paolo, fratello minore di Gianciotto è, infatti, un uomo molto bello e affascinante e come prevedono le famiglie, piace subito a Francesca che accetta il matrimonio.
E così, la povera Francesca si sposa felice credendo di aver trovato il marito ideale e solo quando arriva nella sua nuova casa e incontra Gianciotto scopre il terribile inganno.
All'inizio Francesca si dispera, ma poi si rassegna a essere la moglie di Gianciotto e presto diventa an-

che mamma di una bambina. In segreto, però, continua ad essere attratta da Paolo e quando questi comincia a corteggiarla, tra loro scoppia una grande passione che, ovviamente, i due cercano di tenere nascosta.
I loro incontri, però, finiscono con lo svegliare qualche sospetto e alla fine, nel 1289 Gianciotto viene avvisato del fatto che il fratello approfitta delle sue assenze da casa per incontrarsi con Francesca. Così un giorno Gianciotto finge di partire, aspetta che arrivi Paolo e rientrando in casa da un passaggio segreto, sorprende i due amanti mentre si baciano. Pazzo di gelosia vuole uccidere Paolo con la spada, ma trafigge prima Francesca che con il suo corpo cerca di proteggere Paolo.
Dopo la tragedia, le famiglie fanno di tutto per nascondere e far dimenticare la terribile storia tanto che oggi la conosciamo solo perché il grande poeta Dante Alighieri ne parla nella sua opera più famosa, la *Divina commedia*, scritta pochi anni dopo la morte di Paolo e Francesca.

12. **1** *Maternità*, 1890, Collezione del Banco Popolare, Bergamo; **2** *Il carro del sole*, 1900, Collezione Camera di Commercio, Milano; **3** *Il giorno sveglia la notte*, 1905 ca., Civico Museo Revoltella, Galleria d'Arte Moderna, Trieste.

Il Novecento (XX secolo)

10 • Visioni simultanee

4. **1** sì; **2** no; **3** sì; **4** no; **5** no; **6** sì.

5. **1** Sui balconi dei palazzi dove abitano. **2** Il movimento delle persone e la compenetrazione/fusione tra loro di tutte le figure. **3** Perché il soggetto del quadro è il dinamismo di cui le donne fanno parte, non le donne. **4** Dei rumori e della vita movimentata della città. **5** Rappresentando simultaneamente le tante cose che avvengono in città, deformando lo spazio e facendo compenetrare le figure.

7. **1** audaci; **2** prospettiva; **3** espressive; **4** definita; **5** osservatore.

8. **1** Vero; **2** Falso; **3** Vero; **4** Vero; **5** Falso.

11. le città; i treni; il progresso; il dinamismo; gli aereoplani.

13. **1** *Rissa in Galleria*, 1910, Pinacoteca di Brera, Milano; **2** *Stati d'animo n. 1. Gli addii, Quelli che vanno*, 1911, Museo di Arte Moderna, New York; **3** *La città che sale*, 1910, Museo Gugghenheim, New York.

Tesori d'arte italiana

2. **1** Urbino; **2** Ravenna; **3** Padova; **4** Reggio Calabria (città natale di Boccioni); **5** Firenze; **6** Roma; **7** Venezia; **8** Milano; **9** Ferrara (città natale di Previati).

ESERCIZIARIO DI LINGUA E GRAMMATICA

1. **1** il pittore; **2** la scultrice; **3** la scrittrice; **4** il collezionista; **5** l'autrice; **6** l'architetto; **7** il personaggio; **8** l'artista.

2. 1d; **2**e; **3**a; **4**c; **5**b.

3. **1** disegnare: disegno, disegni, disegna, disegnamo, disegnate, disegnano; **2** eseguire: eseguo, esegui, esegue, eseguiamo, eseguite, eseguono; **3** creare: creo, crei, crea, creiamo, create, creano; **4** ritrarre: ritraggo, ritrai, ritrae, ritraiamo, ritraete, ritraggono; **5** realizzare: realizzo, realizzi, realizza, realizziamo, realizzate, realizzano; **6** dipingere: dipingo, dipingi, dipinge, dipingiamo, dipingete, dipingono.

4. **1** dipingere → dipinto; **2** creare → creato; **3** disegnare → disegnato; **4** ideare → ideato; **5** scolpire → scolpito; **6** ritrarre → ritratto; **7** realizzare → realizzato; **8** eseguire → eseguito; **9** collezionare → collezionato; **10** commissionare → commissionato; **11** raccontare → raccontato.

5. **1** dipinto d; **2** realizzazione f; **3** rappresentazione a; **4** esecuzione b; **5** creazione g; **6** disegno h; **7** ritratto c; **8** scultura e.

6. **1** UBIC**A**ZIONE; **2** MAEST**R**O; **3** PIT**T**ORE; **4** T**I**TOLO; **5** MI**S**URE; **6** DIPIN**T**O; **7** BOTTEG**A**; **artista**.

7. **1** genere mitologico; **2** arte sacra; **3** ritratto; **4** natura morta; **5** paesaggio; **6** allegoria; **7** genere storico; **8** pittura di genere.

8. a.

9. 1a; **2**b; **3**c.

10. i colori; la tela; il cavalletto; la carta; i pennelli; la tavolozza; i colori a olio; i colori a tempera; la matita; il carboncino.

11. **1** artista; **2** titolo; **3** misure; **4** committente; **5** ubicazione/collocazione; **6** soggetto; **7** il genere; **8** le informazioni.

12. 1b; **2**d; **3**e; **4**c; **5**a.

1. **1** sciolti, pettinati, spettinati, biondi, castani, neri, lunghi, corti; **2** dolce, regolare, paffuto, ovale; **3** chiara, scura, olivastra; **4** esile, grossa.

2. **1** nuca; **2** spalle; schiena; **3** piedi; **4** viso; **5** gamba; **6** braccia; testa; mano; **7** mento; guance.

3. **1** La Madonna ha i capelli **castani**, indossa una lunga veste **rossa**, un manto **azzurro** e un velo **beige**. **2** Gesù Bambino ha i capelli **biondi** e le guance

rosa. **3** Santa Barbara indossa una veste **blu** con le maniche **gialle** e **celesti**, un manto **verde**. **4** San Sisto indossa un manto color **oro** su una veste **bianca**; l'interno del manto è **arancione**. **5** Gli angioletti hanno le ali **marroni** con qualche penna **nera**. **6** Tutto intorno ci sono nuvole **bianche** e **grigie**.

4. **1** azzurre; **2** verdi; **3** neri; **4** celesti; **5** rosa; **6** grigie; **7** gialli; **8** blu; **9** marroni; **10** viola; **11** lilla; **12** bianche; **13** beige; **14** arancioni.

5. **1** 1b; 2c; 3a; **2** 1b; 2c; 3a; **3** 1b; 2c; 3a; **4** 1c; 2b; 3a.

6. **1** giallo; **2** rosso; **3** marrone; **4** bianco; **5** celeste; **6** grigio; **7** rosa; **8** nero; **9** verde.

7. **1** **a...** lato, sinistra, terra (andare a piedi); **2** **in...** braccio, piedi, ginocchio, alto, testa, primo piano.

8. **1** ... di tre quarti? **a-b-g**; ... di fronte/frontale? **c-e**; ... di profilo? **d-f**; **2** ... in piedi? **c-e-g**; ... in ginocchio? **d-f**; ... seduto? **a-b**; **3** ... in basso? **a-b**; ... in alto? **d-e-f-g**; ... davanti? **c**.

9. **1** dietro; **2** più; **3** a sinistra; **4** giù; **5** con; **6** al lato; **7** prima; **8** sopra; **9** dentro; **10** in basso.

10. **1** ritratti; **2** **a** a figura intera; **b** primo piano; **c** mezza figura/mezzo busto.

11. **1** a, b; **2** c; **3** a, b; **4** a, c; **5** c; **6** a, b; **7** a; **8** c; **9** c; **10** a.

12. 1c; 2a; 3a; 4c.

13. **1** famosissimo; **2** osservatore; **3** sfondo; **4** cherubino; **5** entrambi; **6** devozione; **7** fedele; **8** affacciarsi; **9** angioletto; **10** tiara.

14. **1** esserci; **2** apparire; **3** aprirsi; **4** camminare; **5** scendere; **6** guardare; **7** essere; **8** avere; **9** indicare; **10** affacciarsi; **11** appoggiare.

15. **1** mi affaccio; **2** ti affacci; **3** si affaccia; **4** ci affacciamo; **5** vi affacciate; **6** si affacciano.

16. 1b; 2a.

17. **1** in; al; **2** sulle; **3** dal; in; **4** con; sul; **5** sullo; dei.

18. il soggetto (✓); il tipo di rappresentazione (✓); i protagonisti (✓); i personaggi (✗); la posizione della Madonna (✗); gli angeli (✗); la posizione dei santi (✓); i gesti dei santi (✗); il cielo (✗); lo sfondo (✗); la posizione del Bambin Gesù (✓).

19. **1** Della torre. **2** Perché la storia racconta che il padre la rinchiuse in una torre prima del martirio. **3** La sofferenza e la fede profonda di Santa Barbara.

20. **1** Natività; **2** Crocifissione; **3** Battesimo; **4** Annunciazione; **5** Martirio.

21. **1** no; **2** sì; **3** no; **4** sì; **5** sì; **6** sì; **7** sì.

1. *Vedi figura in basso.*

2. **1** regolare, ovale; **2** ondulati, folti, sciolti (in parte), acconciati (in parte); **3** attraenti; **4** affusolate, snelle; **5** sottili; **6** sensuale.

3. **a** In questo quadro **sconosciuto** di Tiziano è raffigurata una bellissima donna distesa nuda su un **divano** in una posa molto **casta**. La parte **inferiore** del corpo poggia su due cuscini, il braccio **sinistro** è piegato e nella mano stringe delle rose, con la mano sinistra, invece, si copre **il seno**. Un **gattino** dorme vicino alle sue gambe incrociate. La donna, che ha lunghi capelli **neri** pettinati in una treccia che le gira intorno alla testa e **legati** sulle spalle, guarda davanti verso il suo osservatore. Alle sue spalle una tenda **leggera** di colore scuro **unisce** la scena che è ambientata nel **cortile** di una **casa modesta** e **plebea**. Sullo sfondo in piedi a destra c'è la **padrona di casa** che tiene **sul braccio** un vestito di colore azzurro e **argento**, mentre **seduta** sul pavimento di **legno** c'è una ragazzina vestita di **giallo**.

b 2 letto; **3** sensuale; **4** superiore; **5** destro; **6** l'inguine; **7** cagnolino; **8** biondi; **9** sciolti; **10** pesante; **11** divide; **12** in una stanza; **13** palazzo lussuoso; **14** aristocratico; **15** domestica; **16** sulla spalla; **17** oro; **18** in ginocchio; **19** marmo; **20** bianco.

4. 1 celebre; **2** sdraiata; **3** è appoggiato; **4** provocante; **5** acconciati; **6** enigmatico; **7** incantevole.

5. 1c; **2**a; **3**a; **4**c.

6. 1 Venere: rose, mirto, nudità; **2** Cupìdo: ali, arco, frecce, benda sugli occhi, nudità; **3** Mercurio: cappello con le ali (*petaso*), sandali (*calzari*) con le ali, bastone con due serpenti attorcigliati (*caduceo*).

7. 1 commissionare; **2** commissione; **3** commissiona; **4** committenti; **5** commissionato.

8. 1 ha realizzato; **2** ha ritratto; **3** teneva; **4** ha dipinto; **5** compravano.

9. 1b; **2**e; **3**f; **4**c; **5**d; **6**a.

10. 1c; **2**b.

11. 1b; **2**a; **3**c.

13. 1 riferimenti non chiari a qualcosa o qualcuno; **2** sa; **3** chi la sta guardando; **4** persone che non fanno parte della casa; **5** la casa; **6** appassisce, muore; **7** marito e moglie.

14. 1 raffigurare; ha raffigurato; **2** svolgersi; si svolge; **3** prestare; ha prestato; **4** riferirsi; si riferisce; **5** osservare; osserva; **6** appassire; appassiscono; **7** indossare; indossa.

15. 1 sessuale; **2** invitato; **3** dubbiosa; **4** allegoria; **5** incompleto; **6** stridulo; **7** fantastico.

16. 1 elemento; **2** effetto; **3** effetto; **4** elementi; **5** effetto.

17. 1b; **2**h; **3**f; **4**e; **5**c; **6**a; **7**g; **8**d.

18. Il rosso Tiziano.

19. 1 chiaroscuro; **2** arazzo; **3** bracciale; **4** posizione; **5** pavimento; **6** Giorgione; **Urbino.**

20. A Urbino si può visitare la casa di Raffaello (Casa Santi).

21. 1c servono; **2**a serve; **3**e serve; **4**f servono; **5**b serve; **6**d serve.

22. 2 La realtà e profondità dello spazio. **3** Il bilanciamento e l'armonia delle figure. **4** La bellezza e l'eleganza dei volti. **5** La dolcezza e la poesia delle espressioni. **6** La varietà e la grazia delle pose.

23. 1 ha creato; **2** disponeva; **3** ha usato; prevalgono/sono prevalsi; **4** riusciva; davano; **5** ha usato; aveva.

24. 1 pittorico; **2** spaziale; **3** compositivo; **4** plastico; **5** cromatico; **6** architettonico; **7** formale; **8** decorativo.

25. 1b; **2**c; **3**b.

1. 1d; **2**a; **3**b; **4**c.

2. I = primo; II = secondo; III = terzo; IV = quarto; V = quinto; VI = sesto; VII = settimo; VIII = ottavo; IX = nono; X = decimo; XI = undicesimo; XII = dodicesimo; XV = quindicesimo; XVII = diciassettesimo; XIX = diciannovesimo; XXI = ventunesimo.

3. 1d; **2**c; **3**f; **4**a; **5**e; **6**b.

4. 1 MDIII = 1503 ; **2** MDCXXII = 1622; **3** MDCCCLXI = 1861; **4** CCCXXXVII = 337; **5** DCCXLIX = 749.

5. 1 dell'arte classica; **2** di ciascun uomo.

6. 1 la natura e il mondo reale; la natura e il mondo reale; **2** l'uomo.

7. 1 di cui/del quale; **2** su cui/sulla quale; **3** da cui/dalla quale; **4** con cui/con i quali; **5** a cui/al quale.

8. 1 realistica; **2** realisticamente; **3** velocemente; **4** veloce; **5** particolare; **6** particolarmente; **7** cromaticamente; **8** cromatico; **9** idealmente; **10** ideale.

9. 1f; **2**b; **3**d; **4**a; **5**c; **6**e.

10. 2 lo stile romanico; **3** lo stile rinascimentale; **4** lo stile manierista; **5** lo stile barocco; **6** lo stile neoclassico; **7** lo stile cubista; **8** lo stile futurista.

11. 2 espressione; **3** cubo; **4** macchia; **5** astrazione (agg.: astratto); **6** futuro; **7** concetto.

12. 1 1172; **2** 53 a.C.; **3** 1468; **4** 1965.

13. 1 1239; **2** 970; **3** 1538; **4** 2012; **5** 1767; **6** 624.

14. 1c; **2**f; **3**e; **4**a; **5**d; **6**b.

15. 1a; **2**b; **3**b; **4**a.

Analisi di opere di diversi stili e periodi

1. 1 sua; **2** sua; **3** loro; **4** suoi; **5** suo.

2. 1a; **2**b; **3**a; **4**b.

3. 1 IV = quarto; XV= quindicesimo; **2** sì; **3** l'aureola; **4** orlo; **5** Arte romana, milanese, fiorentina, ravennate.

4. 1 posa; depongo; dicono; **2** abbiamo posato; ha deposto; avete detto; **3** posavate; deponevi; diceva; **4** poseresti; deporremmo; direbbero.

5. **1** la mangiatoia; **2** una capanna; **3** arido; **4** la tettoia; **5** la pecora.

6. **1** asino; **2** pecore; **3** pastore; **4** capanna; **5** capanna; **6** angelo; **7** penna.

7. **1**g; **2**a; **3**d; **4**b; **5**h; **6**e; **7**i; **8**c; **9**f.

8. Giotto è il pittore più rivoluzionari**o** del suo tempo, autore di numeros**e** opere pittori**che**. Giotto raffigura solo soggetti religios**i**, ma, a differenza di quell**i** bizantin**i**, i suoi sono più realistic**i**, i personaggi, anche quelli sacr**i**, sono più uman**i**. Le architetture degli sfondi delle pitture di Giotto non sono più solo simboli**che** come nell'arte bizantin**a**, ma realisti**che**, i paesaggi sono roccios**i** e arid**i**, gli spazi sono abitabil**i**. Giotto rivoluziona il linguaggio stilisti**co** dell'epoca perché con lui nasce un senso di spiritualità nuov**o** e profond**o**.

9. **1**b; **2**b; **3**a.

10. **1** gabelliere; **2** saldi; **3** precedente; **4** raddrizzare.

11. **San** Pietro; **San** Vitale; **Santa** Barbara; **Sant'**Antonio; **Sant'**Andrea; **Sant'**Eligio; **Sant'**Orsola; **San** Donato; **Santo** Stefano; **Santi** Cosma e Damiano; **San** Zaccaria.

12. **1** realistico; **2** centrale; **3** caratterizzati; espressivi; **4** definita; **5** rapido; preciso; **6** plastiche; monumentali.

13. Lorenzo de' Medici **ha** commissionato la *Primavera* in occasione del suo matrimonio e per questo [*si usa il presente perché Lorenzo ha sicuramente commissionato il quadro per il suo matrimonio*], secondo alcuni studiosi, il significato del quadro **sarebbe** legato a quello del matrimonio [*si usa il condizionale perché il significato del quadro non è sicuro*].
Secondo questa interpretazione, il quadro **sarebbe** un'allegoria dell'amore [*forse è un'allegoria dell'amore*] perché il giardino dove **si svolge** la scena [*in effetti la scena si svolge in un giardino*] **sarebbe** quello di Venere [*non siamo sicuri al 100% che il giardino sia di Venere*], dea dell'amore che, nel Rinascimento, **è** anche simbolo dell'*humanitas* [*di questo siamo sicuri*].
Gli studiosi **identificano** il personaggio a destra come Zèfiro che **rapisce** la ninfa Clori [*gli studiosi fanno questa identificazione e Zèfiro rapisce la ninfa*] per poi fecondarla con il suo soffio. A questo punto Clori **si trasformerebbe** in Flora [*è un'ipotesi per interpretare il quadro*], la dea della Primavera che, quando arriva, **sparge** fiori sul mondo [*la dea del quadro sparge davvero i fiori*]. L'amore passionale di Zèfiro e Clori **diventerebbe** poi amore spirituale [*è un'ipotesi per interpretare il quadro*] grazie all'influenza dell'*humanitas*, alla spiritualità e alla razionalità di cui **sarebbero** simbolo gli altri personaggi della scena [*è un'ipotesi per interpretare il quadro, non tutti gli studiosi sono d'accordo*].

14. **1 Essere**: sarei, saresti, sarebbe, saremmo, sareste, sarebbero. **2 Avere**: avrei, avresti, avrebbe, avremmo, avreste, avrebbero. **3 Identificare**: identificherei, indentificheresti, indetificherebbe, identificheremmo, identifichereste, identificherebbero. **4 Svolgere**: svolgerei, svolgeresti, svolgerebbe, svolgeremmo, svolgereste, svolgerebbero.

15. **1**d; **2**c; **3**a; **4**f; **5**b; **6**e.

16. **1** ne; **2** lo; ne; li; **3** ne; li; li; **4** lo.

17. **1** l'affresco; **2** lo sfumato; **3** la pittura a tempera; **4** il mosaico; **5** la miniatura; **6** l'acquerello.

18. **1**b; **2**c; **3**a.

19. Nel quadro ci sono tre uomini, i due più giovani **stanno giocando** a carte. Il giovane in nero a sinistra sembra ricco; Caravaggio lo ritrae mentre **sta scegliendo** la carta da giocare ed è così concentrato nel gioco che non **si sta accorgendo** che il suo avversario **sta barando** con l'aiuto di un complice. L'uomo in piedi alle sue spalle, infatti, **sta spiando** le sue carte e **sta facendo** segno con la mano al giovane baro. Il giovane baro vede il segno del complice mentre **sta aspettando** la mossa dell'avversario, e intanto di nascosto con la mano destra **sta prendendo** da una tasca posteriore le carte giuste per vincere la partita. Il giovane ricco non si accorge proprio che i due bari **stanno imbrogliando**!
Per quanto il quadro è realistico, sembra che anche noi osservatori **stiamo vivendo** la scena.

20. **1** importanza → importante; **2** passione → passionale/appassionato; **3** originalità → originale; **4** realtà → reale; **5** teatro → teatrale; **6** ricchezza → ricco; **7** ingenuità → ingenuo; **8** vita → vivo/vitale; **9** genialità → geniale; **10** espressione → espressivo; **11** particolarità → particolare; **12** pericolosità → pericoloso.

21. **1** riproduce; **2** intreccio; **3** spoglia; **4** colpisce; **5** variano di tono.

22. In questo quadro Canaletto ha immortalato un momento di una delle feste più importanti che **c'erano** nella Venezia del suo tempo. Si tratta dell'antichissima festa dell'Ascensione, una festa con cui la città **celebrava** il suo *sposalizio* con il mare, cioè il suo legame indissolubile con il mare e il fatto che all'epoca Venezia **era** la città più potente del Mar Adriatico. La festa **consisteva** in una cerimonia in cui il Doge **saliva** sul Bucintoro e **andava** nella laguna tra la folla festosa dei veneziani che lo **seguivano** in gondola. Quando il Bucintoro **arrivava** davanti alla Chiesa di San Niccolò, il Doge **gettava** in mare un anello consacrato: con questo gesto simbolico Venezia "**sposava**" il mare.

23. Sposalizio = matrimonio; cerimonia = rito; sfarzo = ricchezza; nobile = aristocratico; potente = importante; brusio = mormorio.

24. **1**c; **2**e; **3**f; **4**a; **5**d; **6**g; **7**b.

25. c; f.

26. **1** suoi; di Fattori; **2** sua; del quadro; **3** suo; del contadino; **4** suo; del contadino; **5** suo; dell'uomo.

27. **2 caldo**: **1** torrido, **2** afoso, **3** infuocato; **sole**: **4** rovente, **5** cocente, **6** scottante.

28. **1** Colore: tinta unita, puro, realistico, spento, intenso, gradazione, sfumatura; **2** Pennellata: rapida, fluida, vigorosa, materica, pastosa, precisa; **3** Campitura: macchia di colore, di colore uniforme.

29. **1** pennello; **2** **a** pittura a olio; **d** pittura a tempera; **f** acquerello; **h** affresco.

30. **1** da cui; **2** con cui; **3** di cui; **4** che; **5** in cui.

31. **1**d; **2**a; **3**c; **4**e; **5**b.

32. **1** incubo; **2** allucinazione; **3** fantasia; **4** visione; **5** illusione.

34. **1** luminoso → luce; **2** arricchire → ricco; **3** tocco (*di pennello*) → toccare; **4** filamento → filo; **5** turbinoso → turbine.

35. **1** Boccioni ha dipinto il quadro. **2** Francesco del Giocondo ha commissionato la *Gioconda*. **3** Il Cardinal del Monte ha acquistato *I bari*. **4** Ogni anno molti turisti visitano Roma. **5** Molti considerano Canaletto il più grande vedutista italiano.

37. **1** grande (grossa, imponente, massiccia); **2** mette in luce (attira l'attenzione); **3** entrano una dentro l'altra; **4** viene preso da (è attratto da); **5** disordinatamente; **6** eccessiva (accentuata, esasperata); **7** risalta (colpisce, si evidenzia); **8** non ha più nessun legame/rapporto; **9** importante (che si distingue).

Glossario

A

ACCOSTAMENTO DEI COLORI Significa *mettere insieme* i colori in un quadro. I colori possono essere accostati tra loro *in armonia*, quindi creando un effetto gradevole ed equilibrato, oppure, in caso contrario, essere *in contrasto* tra loro.

ACQUAFORTE È una tecnica di stampa che consiste nell'incidere un disegno su una lastra di metallo e, quindi, nell'utilizzare la lastra per stamparne molte copie. Questa tecnica, nata agli inizi del Cinquecento nel nord Europa, è stata praticata e diffusa in Italia dal *Parmigianino* (1503-1540), un famoso pittore della corrente del Manierismo.

AFFRESCO È una tecnica pittorica che consiste nel dipingere sulle pareti dei muri. In passato questo tipo di pittura si chiamava *pittura a fresco* proprio perché si fa sull'intonaco fresco, ancora bagnato, della parete. L'intonaco, quindi, si asciuga insieme ai colori assorbendoli, perciò il dipinto è molto resistente all'acqua e al tempo. La parola *affresco* si riferisce non solo alla tecnica pittorica, ma anche al dipinto stesso sulla parete.

ALLEGORIA È un'immagine che volutamente nasconde un altro significato, molto diverso da quello che si vede.

ALTARE Quello *maggiore* si trova in chiesa ed è la tavola dove il sacerdote celebra la messa; gli altari *minori* sono tanti, più piccoli e si trovano nelle cappelle lungo la navata.

AMBIENTAZIONE L'ambientazione della scena del quadro si riferisce al tempo e al luogo in cui si svolge la scena.

ARCHITETTURA È la scienza e l'arte del progettare e costruire edifici, ma *una architettura* significa anche *una costruzione, un edificio*.

ARMONIA Armonia di forme, colori ecc. significa che le forme e i colori creano un insieme gradevole ed equilibrato.

ARTE CLASSICA Indica generalmente l'arte dell'antica civiltà greco-romana (cioè dell'Antica Grecia, dal 1000 a.C. al 146 a.C., anno in cui la Grecia è conquistata da Roma; e dell'Antica Roma, dal 753 a.C al 476 d.C.). L'arte di questo periodo è detta anche del *periodo classico* o *arte antica.*

ARTE PROFANA È la rappresentazione di soggetti non sacri, non religiosi.

ARTE SACRA È la rappresentazione di soggetti che riguardano la religione e il culto; l'arte sacra italiana si riferisce esclusivamente alla religione cattolica.

ARTISTA È chi crea o interpreta un'arte: la pittura, la musica, il teatro ecc.

ATTRIBUTO ICONOGRAFICO è un oggetto o un animale vicino a un santo o a un personaggio mitologico che ci permette di riconoscere subito quel santo o quel personaggio.

AUTORITRATTO È il ritratto di se stesso fatto dallo stesso pittore.

BASILICA È la chiesa principale di una città perché ha particolari privilegi, ma agli inizi della diffusione del Cristianesimo, nel IV sec. d.C., erano chiamate così le chiese costruite secondo un preciso modello architettonico che riprendeva le forme del palazzo di giustizia romano chiamato appunto *basilica.*

BIDIMENSIONALE Significa che ci sono solo due dimensioni, altezza e larghezza, perciò il disegno è piatto.

BILANCIAMENTO DELLE FIGURE È la disposizione equilibrata delle figure nel quadro, nel senso cioè che le figure sono messe in modo da creare armonia fra loro.

BOZZETTO Chiamato anche *schizzo* o *abbozzo* è un disegno semplice e non rifinito che un artista fa per studiare l'opera che sta progettando e che poi eseguirà in grande. Di solito il bozzetto è fatto a matita, a carboncino o a inchiostro e non è colorato.

C

CAMPITURA DI COLORE È lo spazio di una figura disegnata che viene dipinto con un solo colore in modo uniforme.

CAPOLAVORO È l'opera più importante di un artista perché meglio mostra la sua bravura e il suo genio artistico.

CAPPELLA È un piccolo edificio religioso a una *navata* oppure è una *nicchia* lungo le navate all'interno di una chiesa. In questo secondo caso, sono formate da un'*edicola* con un *altare.* Di solito lo spazio per fare le cappelle veniva comprato da famiglie nobili e ricche per dedicarlo al culto del proprio santo protettore e per farci la tomba di famiglia.

CHIAROSCURO È il contrasto tra chiaro e scuro che serve a rendere il passaggio dalla luce all'ombra.

CHIESA È l'edificio dove si pratica il culto religioso cristiano.

CICLO DI AFFRESCHI È un gruppo di affreschi che hanno in comune lo stesso tema e lo stesso personaggio del quale spesso raccontano gli episodi più importanti della sua vita.

COLLEZIONISTA D'ARTE È chi colleziona, cioè raccoglie e conserva, opere d'arte.

COLORI A OLIO Sono dei *pigmenti*, cioè delle sostanze in polvere che colorano, che usano come *legante* un olio. Questi colori si ottengono, infatti, mescolando le polveri colorate a un olio (di lino, di noce ecc.) che una volta asciutti, durano più a lungo e si mantengono inalterati (= non cambiano).

COLORI A TEMPERA Sono colori ottenuti mescolando i *pigmenti* (sostanze in polvere che colorano) a uova, colle animali, caseina ecc. (il *legante*) e che si diluiscono sempre con l'acqua. La parola *tempera* viene, infatti, da *stemperare* (cioè *diluire, mescolare*) in questo caso, con l'acqua. Le *tempere* sono colori molto facili da usare e che si asciugano velocemente.

COMMITTENTE È la persona che *commissiona* un'opera d'arte, cioè che ordina l'esecuzione dell'opera e la paga.

COMPOSIZIONE DEI COLORI In un quadro è il modo in cui si mettono insieme i vari colori per farli risaltare meglio.

COMPOSIZIONE DI UN QUADRO È l'insieme di linee, forme, figure e colori che l'artista usa per comporre (= formare) l'immagine e che perciò si chiamano *elementi compositivi.*

CONTORNO È la linea che circoscrive un oggetto o una figura e che di solito si ottiene mediante il disegno.

DATI DELL'OPERA Sono le principali informazioni che riguardano un'opera d'arte e che spesso sono raccolti in una *scheda dell'opera.*

DETTAGLIO O PARTICOLARE È una parte del volto o del corpo o di un oggetto del quadro.

DIPINTO È un'immagine, reale o immaginaria, realizzata con diverse tecniche pittoriche (affresco, pittura a tempera ecc.) su superfici di vario genere, in passato soprattutto su *tavola, tela, parete*.

DISEGNO È una tecnica artistica che consiste nel creare figure tracciando linee su una superficie di carta, legno (*tavola lignea*) ecc. Il disegno è la base su cui dipingere con qualsiasi tecnica e fino al Seicento era considerato fondamentale nell'arte, più del colore. Il disegno è stato per secoli, infatti, una forma di studio per gli artisti che lo usavano per fare *bozzetti* preparatori dell'opera che volevano realizzare, ma anche per studiare la luce, la geometria, l'anatomia, lo spazio ecc.

DIVISIONISMO È uno stile caratterizzato dalla separazione dei colori in singoli tocchi di pennello o in pennellate sottilissime (= filamenti). Quando si guarda il quadro da lontano, i colori però non si vedono separati (divisi) ma si fondono tra loro con una grande varietà di tonalità e sfumature diverse. Il Divisionismo è una variante del Puntinismo francese (*Pointillisme*) e si sviluppò in Italia alla fine dell'Ottocento. I principali artisti di questo stile sono Pellizza da Volpedo, Giovanni Segantini e, naturalmente, Gaetano Previati.

DUOMO È la chiesa principale di una città e spesso, ma non sempre, anche **cattedrale** cioè sede della *cattedra* del vescovo, che è il capo della comunità cristiana di quella città e della zona circostante.

EDICOLA È una piccola struttura architettonica che ha una funzione decorativa: racchiude una statua o un quadro facendo loro da cornice. È un tipo di decorazione architettonica antichissimo le cui forme cambiano a seconda delle epoche in cui sono state fatte.

EFFETTO DI... Significa creare l'*impressione*, l'*illusione* di pronfondità, volume ecc.

EFFETTO NARRATIVO È l'impressione di raccontare un fatto attraverso i gesti, i movimenti e le espressioni dei volti dei personaggi.

ELEMENTI COMPOSITIVI DI UN QUADRO Sono tutti quegli elementi che ne compongono, formano l'immagine: le linee, le forme, i colori ecc.

FULCRO È il centro dove si uniscono tutte le linee geometriche che formano la prospettiva.

FUTURISMO È un movimento artistico e culturale d'avanguardia (interessa, infatti, anche la letteratura, danza, fotografia, cinema ecc.) nato in Italia nel 1909. Con la pubblicazione del *Manifesto Futurista*, il poeta Filippo Tommaso Marinetti dichiara le idee e i programmi del movimento basati sulla rottura con la cultura del passato e la rappresentazione della vita moderna in tutto il suo dinamismo in modo nuovo e originale.

G

GAMMA CROMATICA Sono tutte le sfumature graduali di un colore, per esempio la *gamma del rosso* comprende cioè, tutte le sfumature (le tonalità) di quel colore.

GAMMA DEI COLORI O TAVOLOZZA DEI COLORI Indica tutti i colori; la *gamma dei colori di un quadro* indica tutti i colori che sono stati usati nel quadro. La gamma dei colori si divide in base alla sensazione di calore che i colori trasmettono e perciò abbiamo la gamma dei colori *caldi* (rosso, giallo e arancione), la gamma *fredda* (blu, verde, viola) e la gamma *pallida* (tutti i colori che sono mitigati da varie tonalità di bianco e grigio). In base a come un pittore mescola i colori di queste gamme con altri, crea un effetto cromatico dai *toni caldi* o *freddi*.

GENERI ARTISTICI Sono categorie che comprendono i vari campi dell'arte: il genere letterario, musicale, cinematografico, fotografico, teatrale.

GENERI PITTORICI Sono delle categorie che classificano le opere d'arte in base ai loro soggetti; in pittura, i più importanti generi artistici sono: il *genere sacro*, il *mitologico*, lo *storico*, il *ritratto*, le *scene di genere* (cioè di vita quotidiana), il *paesaggio* e la *natura morta*.

GRADAZIONE CROMATICA Accostamento di diverse tonalità di colore in successione, per esempio dal rosso più scuro fino a quello più chiaro.

ICONA È un'immagine sacra dipinta su tavola propria dell'arte bizantina.

ICONOGRAFIA È lo studio di tutte le rappresentazioni nell'arte di un determinato soggetto; per esempio, l'iconografia studia come la Crocifissione di Cristo è stata rappresentata nei secoli da vari artisti, e quindi analizza le differenze di stile e contenuto che questo soggetto (la Crocifissione) ha subito nelle varie rappresentazioni.

IMITAZIONE *Imitazione dell'arte classica* nel Rinascimento non significa "copiare" l'arte classica ma studiarla per comprendere il significato della cultura greco-romana.

INTENSITÀ O CROMATICITÀ DEL COLORE Si riferisce alla sua brillantezza o opacità. Un colore è brillante se riflette la luce, è opaco se ne riflette poca o affatto.

LUMEGGIATURA È una tecnica della pittura e del disegno che consiste nello schiarire un colore dove è colpito dalla luce, quindi è un modo per dipingere la luce. Con le lumeggiature si crea un effetto di rilievo tridimensionale dell'immagine, un effetto di volume.

MADONNA IN MAESTÀ È uno dei soggetti iconografici più rappresentati nell'arte medievale. I dipinti con questo soggetto raffigurano la Madonna seduta su un trono con in braccio Gesù e circondata da angeli e santi.

MARTIRE È la persona morta in nome della fede cristiana. Nell'uso moderno, chi si sacrifica volontariamente per un motivo religioso, un alto ideale, una nobile causa ecc.

MECENATE È una persona che protegge e aiuta economicamente arti e artisti.

MINIATURA È una tecnica pittorica usata soprattutto per dipingere, al fine di decorarli, i codici manoscritti. Pur essendo già usata dagli antichi romani, questa tecnica ha avuto una grande diffusione nel Medioevo quando i monaci hanno cominciato a usarla per decorare i testi sacri. Di solito decoravano le lettere iniziali dei manoscritti in rosso, detto *minio*, da cui deriva la parola miniatura che è usata anche per indicare l'opera stessa e non solo la tecnica.

MITO È un racconto molto molto antico sull'origine del mondo e sulle divinità.

MITOLOGIA È l'insieme dei *miti*, cioè di racconti molto molto antichi sull'origine del mondo e sulle divinità. Tutti i popoli hanno avuto una propria mitologia, quella italiana è la *mitologia classica*, cioè della cultura greco-romana.

MODELLATO È la forma di una figura data dall'effetto di volume creato da luce e ombra.

MODELLO ICONOGRAFICO È un'opera scelta come esempio da imitare.

MODO BILANCIATO Significa disporre le figure con equilibrio fra loro, in modo armonioso. Si dice anche *bilanciare* le figure o il *bilanciamento* delle figure.

MODULAZIONE DEI COLORI È il passaggio graduale da una tonalità all'altra di colore regolato dalla quantità di luce che c'è nelle varie tonalità del colore.

MONUMENTALITÀ DELLA FIGURA Significa che la figura è maestosa e imponente, caratteristiche queste proprie dei monumenti, cioè di tutte quelle opere che hanno importanza storica e artistica.

MOSAICO È una composizione figurativa fatta mettendo vicini pezzetti di materiali (tessere) di diversa natura (pietre, vetro, conchiglie ecc.) e di diverso colore. L'arte del mosaico si chiama anche *arte musiva*.

NATURA MORTA È un genere che ha per soggetto fiori e frutta "morti", nel senso che sono stati raccolti e quindi vicini a morire, ma anche oggetti come strumenti musicali ecc. Anche se queste rappresentazioni sono molto antiche, è solo nel Seicento che diventano protagoniste assolute delle scene dei quadri dando origine a un proprio genere.

NATURALISMO È la rappresentazione realistica di uomini e cose senza abbellimenti o modifiche.

NAVATA È lo spazio in cui è diviso l'interno di una chiesa; di solito l'interno è un ambiente che si sviluppa in senso longitudinale dall'ingresso all'altare maggiore. Le chiese possono essere a un'*unica navata* oppure avere una *navata centrale* con ai lati delle navate minori dette *navate laterali*.

NICCHIA È un piccolo spazio semicircolare dentro una parete solitamente usato per mettervi le statue; nelle nicchie delle cappelle nelle chiese c'è anche un altare minore.

NUMERI ROMANI Sono i numeri che usavano gli antichi romani e sono formati da segni che derivano da lettere dell'alfabeto romano.

OPERA D'ARTE È un quadro, una scultura, un disegno ecc. che attraverso le immagini comunica allo spettatore le emozioni, i sentimenti e i pensieri dell'artista.

OPERA FIGURATIVA È un'opera con figure.

PALA D'ALTARE È una grande tavola con un soggetto sacro dipinto o scolpito che si trova sull'altare delle chiese.

PARTICOLARE *Vedi* **DETTAGLIO**

PERSONAGGIO È la persona che appare in quadro (ma anche in un libro, in un'opera teatrale ecc.).

PIANO In un quadro, è una delle parti della rappresentazione pittorica; il *primo piano* è la parte principale della rappresentazione dove si trovano di solito le figure e sta davanti allo *sfondo*.

PITTORE È la persona che dipinge.

PITTURA È l'arte di disegnare e colorare delle forme su varie superfici (superficie = carta, tela, ceramica, muro, legno, metallo, vetro ecc.) Quando, però, diciamo "una pittura" significa un quadro.

PITTURA A MACCHIA È la tecnica pittorica tipica di un movimento artistico italiano nato nel 1856 chiamato, per l'appunto, dei "Macchiaioli". Questi artisti, dipingono le figure dei loro quadri accostando *macchie* di colore che delimitano con un contorno leggerissimo; la luce poi, colpendo i colori e creando l'effetto di chiaroscuro, fa risaltare le forme delle figure.

PITTURA A OLIO È una tecnica pittorica che usa i *colori a olio.* Questa tecnica, pur essendo già conosciuta dagli antichi romani, si è largamente diffusa tra i pittori italiani nella seconda metà del Quattrocento. Secondo la tradizione, il primo pittore italiano a usarla è stato *Antonello da Messina* (1429-1479) che l'aveva appresa da pittori catalani e fiamminghi. Nei secoli successivi, fino al Novecento, la pittura a olio su tela è diventata l'unica tecnica pittorica, o quasi, usata dai pittori italiani.

PITTURA A TEMPERA È una tecnica pittorica che usa i *colori a tempera.* Questa tecnica pittorica è stata la più usata in Italia fino al Quattrocento su diversi tipi di supporto: tavole di legno, tele, muri ecc. Poi, è stata progressivamente sostituita dalla *pittura a olio*, ma per molto tempo le due tecniche, *a tempera* e *a olio*, sono state spesso usate insieme.

PLASTICITÀ In pittura è la capacità di creare un effetto di rilievo, che in realtà non esiste perché la pittura è piatta, attraverso il chiaroscuro.

POSA È la posizione che assume una persona quando viene ritratta (o fotografata). Si dice *assumere una posa* o *mettersi in posa.*

POSIZIONE È il luogo dove si trova una figura.

PRIMO PIANO DI UNA FIGURA È il ritratto del volto e delle spalle; il *primissimo piano* è il ritratto solo del volto. Un ritratto *a mezza figura* significa che la persona è ritratta dalla vita in su, *a mezzo busto* dal petto in su, *a figura intera*, invece, è il ritratto dalla testa ai piedi.

PRIMO PIANO IN UN QUADRO È la parte principale della rappresentazione dove si trovano di solito le figure e sta davanti allo *sfondo*. Il *primissimo piano* è la parte più avanti di tutta la rappresentazione e la più vicina allo spettatore.

PROPORZIONI È il rapporto che c'è fra le varie parti delle figure di un quadro, per esempio fra altezza e larghezza; in un rapporto *proporzionato* tra le parti, il risultato è un effetto di armonia ed equilibrio, mentre in un rapporto *sproporzionato* prevale una parte sull'altra e quindi si ha, per esempio, una figura troppo alta rispetto alla larghezza.

PROPORZIONI GERARCHICHE DELLE FIGURE Sono una caratteristica dell'arte medievale dove le figure dei personaggi importanti, soprattutto di quelle sacre, sono più grandi rispetto alle altre figure; se nella scena ci sono uomini, di solito sono piccolissimi rispetto alle figure sacre.

PROSPETTIVA È una tecnica figurativa pensata per rappresentare su una superficie bidimensionale la tela del quadro, lo spazio tridimensionale (altezza, larghezza e profondità). Il primo a pensare a questo sistema in modo scientifico (la *prospettiva lineare centrica*) è stato l'architetto Filippo Brunelleschi agli inizi del Quattrocento a Firenze.

PROSPETTIVA INTUITIVA È una prospettiva senza precise regole geometriche.

PROTAGONISTA È il personaggio principale di un'opera.

QUADRO È un dipinto su tela o legno.

RAPPRESENTAZIONE PITTORICA Significa *rappresentare, riprodurre* la realtà circostante attraverso la pittura.

REALISMO Il realismo di un'immagine è dato da quanto l'immagine è vicina alla realtà.

RITOCCARE Significa lavorare su un'opera già finita per modificarla e perfezionarla (si dice anche *ritocco di un quadro*).

RITRATTO È la rappresentazione pittorica (o fotografica) di una persona.

SACRA CONVERSAZIONE È un tema iconografico che rappresenta la Madonna, di solito seduta sul trono o sulle nuvole, circondata da santi con cui parla di cose sacre.

SCORCIO È la veduta di un paesaggio visto da un angolo; una *veduta di scorcio* è, invece, un tipo di rappresentazione prospettica: la figura è rappresentata su un piano obliquo rispetto a chi guarda per dare all'immagine un grande effetto di profondità.

SFONDO È la parte che sta dietro alle figure del primo piano e, se ci sono, anche alle figure del *secondo piano*; nello sfondo ci sono le figure più lontane dallo spettatore.

SFUMATURA È la tonalità di un colore, ma può indicare, come nella pittura di Leonardo, anche il passaggio delicato da un colore all'altro.

SIMBOLISMO È un movimento culturale (interessa l'arte, la letteratura, la musica) nato in Francia nel 1886 circa, di cui Previati è stato uno dei più importanti esponenti italiani. Il Simbolismo si ispira alla natura e, attraverso immagini simboliche al confine tra sogno e realtà, vuole suscitare le emozioni più profonde nascoste nell'inconscio di ogni persona. Per questo motivo, la pittura simbolista è ricca di riferimenti culturali e di contenuti molto complessi spesso difficili da interpretare.

SIMBOLO È un qualsiasi elemento (figura, gesto, parola ecc.) che richiama alla mente un'idea legata a quell'elemento e condivisa dalle persone di un contesto culturale; per esempio, in Italia se io vedo un cane penso alla *fedeltà*, all'*amicizia*; se vedo una rosa, penso *al tempo che passa* e *alla bellezza che sfiorisce con il tempo* ecc.

SOGGETTO È l'immagine principale di un quadro, il tema.

STILE DI UN'OPERA D'ARTE È dato da tutte le sue caratteristiche formali determinate dalle tecniche artistiche e dai contenuti scelti da ogni artista per esprimere le proprie idee ed emozioni (lo stile dell'artista), ma influenzate anche dai valori sociali, morali religiosi e dal gusto dell'arte dell'epoca (lo stile dell'epoca). Per questo motivo opere fatte nello stesso periodo storico hanno caratteristiche di forme e contenuti simili.

STILIZZARE Significa rappresentare una figura con poche linee secondo un modello essenziale; in questo ha lo stesso significato di semplificare, sintetizzare.

STORICO È lo studioso e scrittore di storia.

TAVOLA È un pezzo di legno sottile di forma rettangolare su cui si dipingeva soprattutto nel Medioevo.

TAVOLOZZA DEI COLORI *Vedi* **GAMMA DEI COLORI** La *tavolozza dei colori di un quadro* indica tutti i colori che sono stati usati nel quadro.

TECNICA PITTORICA È il modo che l'artista usa per realizzare un'opera figurativa.

TELA È un rettangolo di tessuto (lino, canapa, iuta, cotone) su cui si dipinge. Per *tela* si intende anche un quadro.

TEMA ICONOGRAFICO È l'argomento, il soggetto della rappresentazione artistica; nell'arte sacra sono sempre gli stessi e di solito danno il titolo al quadro, per esempio la *Natività di Gesù*, l'*Annunciazione*, la *Crocifissione* ecc.

TONO DI COLORE È la quantità di luce di un colore; ogni colore ha tanti toni (o tonalità) che vanno dai più scuri fino a quelli più chiari e luminosi. Il passaggio graduale da un tono di colore a un altro si chiama *sfumatura*.

TRIDIMENSIONALE Significa che in un disegno oltre all'altezza e alla larghezza, c'è anche la terza dimensione, cioè la profondità.

VELO DI COLORE È uno strato di colore molto sottile.

Indice degli artisti e delle opere

LEGENDA: A Analisi di opere; E Eserciziario; U Unità

Il coupon che trovi nella pagina a fianco (terza di copertina) ti consente di:
· scaricare gratuitamente la versione digitale del libro (eBook+);
· accedere a tutti i materiali digitali integrativi (risorse online) riservati a questo volume presenti sul sito www.hoepliscuola.it alla pagina web del testo.

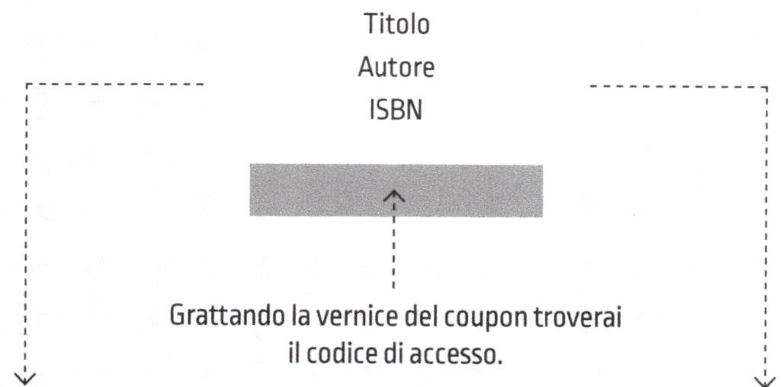

E-BOOK +

COME UTILIZZARE IL COUPON PER SCARICARE LA VERSIONE DIGITALE DEL LIBRO (E-BOOK+)

Il coupon riportato nella pagina a fianco (terza di copertina) è utilizzabile una sola volta per accedere alla versione digitale del libro, scaricabile seguendo le istruzioni riportate alla pagina web:

www.hoepliscuola.it/libri_digitali

ATTENZIONE: l'accesso alla versione digitale del libro (eBook+), utilizzabile su tablet, LIM e computer è a titolo gratuito ed è riservato all'utente registrato che ha accettato le relative condizioni generali di licenza d'uso e ha inserito il codice di attivazione. Tale codice può essere attivato una sola volta e la relativa utenza e la connessa licenza di utilizzo hanno durata temporalmente illimitata e non sono trasferibili a terzi. Per le condizioni di licenza d'uso, vedi www.hoepliscuola.it.

RISORSE ONLINE

COME UTILIZZARE IL COUPON PER SCARICARE I CONTENUTI DIGITALI INTEGRATIVI (RISORSE ONLINE)

Il coupon riportato nella pagina a fianco (terza di copertina) ti consente di accedere a un'area riservata all'interno del sito dell'editore, dove troverai MyBookBox, il contenitore virtuale con risorse e contenuti digitali integrativi.
Segui questi passaggi.

1. Registrati al sito www.hoepliscuola.it utilizzando un indirizzo email valido.
2. Accedi alla pagina dedicata a questo volume.
3. Nello spazio bianco accanto al logo MyBookBox inserisci il codice coupon riportato nella pagina a fianco (terza di copertina) e nascosto sotto la vernice grattabile; avrai così accesso a tutte le risorse digitali del tuo volume.

ATTENZIONE: l'accesso gratuito ai contenuti digitali integrativi in MyBookBox (risorse online) è riservato all'utente registrato che ha inserito il codice di attivazione e accettato le condizioni generali d'uso presenti su www.hoepliscuola.it.